はじめてでもうまくいく！

1人1台端末授業
ガイド&アイデア

小学校
全教科
ICT活用事例
63

先端的実践地域・熊本市の ICT リーダー

宮本博規 山口修一
山本英史 前田浩志

[編著]

明治図書

はじめに

　「もっと授業でタブレット端末等の ICT 機器をうまく使いたい」「でもどこから取りかかればいいのかわからない」といった不安な思いの先生方が未だ多いのではないでしょうか。その不安解消の一手としてこんな本をつくってみました。その名も『はじめてでもうまくいく！　1人1台端末授業ガイド＆アイデア』。ここ数年，ICT 教育推進の先導的な役割の一翼を担ってきた熊本市からのプレゼンツです。

　熊本市は，2019年全小学校の子ども3人に1台の割合でタブレット端末を配備しました。あれから約3年，熊本市の子どもたちにとってタブレット端末は身近な文房具の1つになりました。今では電子黒板やタブレット端末等は違和感なく教室の中に溶け込み，自然に活用されています。

　文部科学省は2019年12月，5年計画で GIGA スクール構想を発表しました。小中学校1人1台端末の配備や ICT 環境の整備等の実現が主な内容です。

　ところが2020年，新型コロナウイルス感染拡大の影響による学校の休校措置で，教育の ICT 化の必要性を国民の多くが痛感し，前倒しで進められることになりました。1人1台端末の整備スケジュールが加速したのです。熊本市も昨年度全小中学校に1人1台端末が実現しました。ICT 支援員も増員し，教員研修も充実させながら，現在学校現場には積極的な活用をお願いしているところです。それでもやはり学校間には格差が生じています。ただ，多くの先生方の ICT 教育に向けての意識は確かに変わりつつあります。

　今年に入ってすぐ，1年の算数授業を観る機会がありました。単元名「大きいかず」の買い物の授業場面です。1年の買い物の授業場面で使うものといったら普通は算数セットに入っている「模型のお金」になります。それを机の上で操作しながらお金の出し方を考える活動をします。ただ，次第に操作や考えることに飽きると音を立てながら模型のお金で遊ぶ子どもも出てきます。今回授業者である初任2年目の教師は，事前にタブレット端末の中の

授業支援アプリ「MetaMoJi ClassRoom（メタモジ）」を使って，1円玉，5円玉，10円玉，50円玉の模型をそれぞれ10枚程度動かせるように置いたノートを準備しました。そして，まずはガム28円のお金の出し方を考えさせたのです。子どもたちからは「10円玉2枚と1円玉8枚」が出され，さらに「10円玉2枚と5円玉1枚と1円玉3枚」「5円玉5枚と1円玉3枚」などの考えが出てきました。メタモジだと操作の結果だけでなく操作している過程も教師のタブレット端末にてリアルタイムでモニタリングすることができ，電子黒板に子どもの考えを一度に映し出すことができます。操作のリセットも一瞬のうちにでき，片付けも簡単。お金が散らばることもありません。

　1年の算数授業でさえ，こんなに変わるんだと実感させられました。この1つの事例をとっても，1人1台端末授業は，主体的・対話的で深い学びを実現するための授業づくりと決して無縁ではないことがわかります。むしろ促進するものであることを確信したのです。

　本書は3章構成になっています。序章は「1人1台端末を効果的に活用するために」とし，はじめて挑戦する先生方に向けてのエールとともに端末活用の5つの機能について解説しています。また第1章は「1人1台端末授業を始める前に　不安解消のためのQ&A」として，質問内容を13項目に整理し，簡潔に答えました。さらに第2章は「はじめての1人1台端末授業　教科別実践アイデア」とし，国語13本，算数14本，社会5本，理科4本，道徳4本をはじめとする全教科計63本の実践を掲載することができました。

　これからの学校教育において1人1台端末の取組は決して避けては通れません。まだ取り組めていない自治体の先生であってもぜひ本書を手にとり，意識だけでも高めておくことはできるのではないでしょうか。

　最後になりましたが，この本を書く機会を与えていただき，また編集にご尽力いただいた明治図書の新井皓士氏には心より感謝申し上げます。

2021年7月

熊本市教育センター　宮本　博規

≡ CONTENTS

第1章　1人1台端末授業を始める前に 不安解消のための Q&A

第2章 はじめての１人１台端末授業 教科別　実践アイデア

国語

生活

総合的な学習の時間

体育

学級活動

特別支援教育

執筆者一覧

序章

1人1台端末を
効果的に
活用するために

ICT 機器や1人1台端末に対して
苦手意識をもっている方でも，
安心して，効果的に活用するためには
どのような意識で取り組めばよいのでしょうか。
1人1台端末活用の心構えと
1人1台端末の主要な機能の
2つの視点からご解説します。

GUIDE　　IDEAS

01 前向きに端末を使ってみよう

1 ICT を苦手に感じているあなたに

　誰だって何事にも慣れないうちは大変です。ICT に抵抗感があるあなたなら尚更です。思えば学校現場にパソコンが入った時もそうでした。慣れない機器に仲間と四苦八苦しながら，そして講師の先生や得意な同僚に教わりながら，どうにか子どもたちに教えるレベルまでになりました。

　今回のタブレット端末をはじめとする ICT も特別な機器ではありません。いわば教科書やノートに類するものです。算数で使うコンパスや分度器などの文房具と同じだという人もいます。そうであればやはり教師としては何とか克服しなければならないものになります。今この文章を書いている私も実はあまり ICT が得意ではありません。いや，決して謙遜しているわけではなく，むしろ不得意と言ってもいいくらいです。

　でも，この本を手に取ってお読み頂いているあなた同様に何とか「前向きに端末を使ってみよう」「使ってみたい」という意識だけは持ち続けている教師の一人です。そうです。苦手は苦手でいいのです。でもあなた一人だけが苦手と感じているわけではありません。周りを見渡せばきっと同じ仲間がいます。その**仲間と悩みを共有し合うことが初めの一歩になるのかもしれません。**そういう学び合う仲間が時に折れそうになる心を技術の面でも気持ちの面でも救ってくれることがあります。

　よくよく考えてみれば子どもに尋ねた方が早い時もあります。子どもにとってはスマホやタブレットは物心がついた時から目にしているものです。我々大人よりも抵抗感が少ないのは事実です。「あれ，おかしいな。動かないや」なんて言えば，すぐに救いの手を差し伸べてくれる子どもがいるかもしれません。**子どもからも学ぶ姿勢をもつことも，ICT を苦手に感じているあなたにとっては大事な戦術です。**これからの授業で子どもとともに楽しい

学びを創るには ICT は必要不可欠です。めげずに取り組みましょう。

2 あなたの周りの身近なアドバイザーを探そう

　現在私は教育センターという恵まれた環境に身を置いています。センター内には ICT 機器を扱う教育情報班があり，各学校の ICT 研修をサポートする ICT 支援員もいます。見渡せば身近に実に頼りになるアドバイザーがいるのです。ICT に関するマニュアル本を一つひとつ読み解いていく学びも時には必要かもしれませんが，尋ねた方が早いことが多いようです。ICT もサクサク作動する時は何とかいいのですが，一度トラブルに陥った際が大変です。その時はやはり専門家が頼りになります。

　あなたの周りにもきっと頼りになるアドバイザーがいるはずです。同じ職場内にいれば超ラッキー。その人と少しずつでもお近づきになりましょう。職場がダメならご近所さんはどうでしょうか？　親戚や学生時代の友人にも適任者がいるかもしれません。それでも見つからなければ，私のいる教育センターなど，公的機関の方にお尋ねください。全国の教育センターの先生方は，親身になってご指導してくださるはずです。

3 みんなで学びを深めよう

　今は学校全体で ICT に取り組んでいる，またはこれから取り組もうとしている状況だと思います。いずれ得意不得意に関わらず全教職員が ICT を使わざるを得ない状況になってきます。みんなで学ぶにはうってつけの状況になります。みんなで課題を共有し，みんなで解決方法を探り，様々な機能についても学び合えるわけです。

　すべての教科すべての教室で，すべての教師が端末を使っている状況であり，見回せば，ごく身近に学びの材料が転がっているのです。端末を実に効果的に使っている場面やいろんな機能を上手に使っている場面を生で見られる機会にいつでも出会えるわけです。各自が ICT 技能を高めるにはやはり職場である学校内の学びを深めるのが一番のようです。

効果的に活用したい5つの機能

　ここでは授業等でよく活用する端末の5つの機能について説明します。

　第2章に掲載している63本の実践例には，下記5つのうち，主にどの機能を使って授業を展開しているのかを明記しています。自治体によって端末の種類や授業支援アプリが異なるため，本書をそのまま実践とはいかないかもしれませんが，その場合はこの表記を参考にしてください。

（1）配信・共有

　教師が子どもにワークシートや資料等を配付する際，これまでは紙に印刷して配付しなければならなかったので，配付するまでには準備の時間が必要でした。それに文字や写真などすべて白黒のものが普通でした。

　それが，1人1台端末が配付されたことによって，教師がパソコンやタブレット端末でつくったワークシートや資料を，直接タブレット端末に配信できるようになりました。しかも印刷する手間もなく，文字には色をつけて強調し，写真はカラーで見やすいまま配信できるようになりました。

　また，配信されたワークシートや資料を使って学習をする際，子どもたちがそれぞれ考えたことや，インターネット等で調べたり集めたりした情報等を，教師に送ってクラス全員で共有したり，直接クラス全員に配信したり，グループで共有したりということができるようになりました。この配信・共有機能により，協働的な学習がより容易にできるようになったのです。

（2）撮影・記録

　これまでは，観察して記録するには，子どもたちが自分の目で見たものを文字で表現したり，絵にかいて表現したりしなければなりませんでした。そ

れだけでも時間がかかるため，毎時間記録を蓄積していくことは大変なことでした。

　しかし，タブレット端末のカメラ機能を使うことで，子どもたちは簡単に写真や動画を撮影することができるようになりました。このことで，これまでできなかった運動の一瞬の動きを写真や動画で撮影したり，観察したいものの細部を写真に撮影したりして記録することができるようになりました。

　また，その写真や動画に気づいたことを直接書き込むこともできるので，物の様子や動きをしっかり観て記録を残すことができるようになりました。この撮影・記録機能により簡単に撮影ができ，毎時間でも記録の蓄積が容易にできるようになったのです。

（3）可視化

　これまでは，ノート上にグラフや表をかくには大変な労力が必要でした。そのため自分の考えの根拠となるデータをグラフや表を使って示すことは日常的には難しく，それぞれの考えは，文章や言葉として表現するしかありませんでした。そして，その考えを知るためには，文章を読んだり，発表を聞いたりする必要があり，とても時間のかかることでした。

　しかし，タブレット端末にあるアプリを使うことで，データをグラフや表などに整理することが簡単にできるようになりました。また，シンキングツールと呼ばれる思考ツールを使うことで，自分の考えを整理し，自分の頭の中にある思いや考えを視覚的に表すことができるようになりました。その結果，それらを授業支援アプリなどでクラス全体に共有し，子ども自身の思考や意見などを可視化することが瞬時にできるようになったのです。

（4）創造

　これまで表現すると言えば，文章で書いたり，紙に絵をかいたり，実際に

物をつくったりと，それなりに時間もかかり，表現の幅も限られたものでした。それが，タブレット端末を使うことで，自分の思いを文字や写真，動画を使いながらプレゼンアプリでプレゼンをつくったり，動画アプリで自分の思いを表現するためのストーリー性のある動画をつくったりすることが簡単にできるようになりました。

　また，画像編集アプリで写真に書き込んだりトリミングしたりして写真を加工することや，音楽アプリで自分の感じたことを音楽で表現することも簡単にできるようになりました。この創造機能により**子どもたち自身の思いを表現する幅が以前よりもぐっと広がった**のです。

（5）操作・体験

　子どもたちに操作を伴う学習をさせたい場合，これまでなら具体物を人数分用意しなければなりませんでした。また，プリントとして配ったものから子どもたちが自分で切り取る必要がある場合もありました。これらは，操作を伴う学習に至るまでに多くの時間が必要で，操作する時間そのものが少なくなってしまうこともありました。

　しかし，タブレット端末の授業支援アプリ等を使うことで，**画面上で動かして操作を体験し，理解することができるような教材を1つつくればよくなり，子どもたち全員に配付することも簡単にできる**ようになりました。

　また，写真や動画，地図アプリを使い，この操作・体験機能を活用することにより，**実際にその場に行かなくてもリアルな感覚で体験することができる**ようになったのです。

　はじめはこれら5つの機能を活用しながら，あなたも少しずつ1人1台端末に慣れていきましょう。

（宮本博規　／　山口修一）

1人1台端末授業を始める前に 不安解消のための Q&A

授業はどのように変わるのか？

低学年は何から始めるのか？

ルールや約束事はどうするか？

…　などなど,

全13のＱ＆Ａをもとに

１人１台端末への不安や悩みを

解消していきましょう。

GUIDE　　IDEAS

Q1 1人1台端末活用の
ねらいや目的等を教えてください。

A 教師が「教える」インプット中心から，子どもが「学びとる」
アウトプット中心へ，授業観を変革・授業改善をして行くこ
とを目指しています。

　1人1台端末は，変化の激しい新しい時代に必要となる「資質・能力」の
習得を目指し，子どもたちが「自ら考え，主体的に行動する力」を身に付け
るためのツールとして活用することをねらっています。
　「主体的・対話的で深い学び」を実現するための効果的な ICT 活用には，
次のような活動があります。

①自分たちで撮影・録画して観察や実験の写真，音読や歌・演奏の録音，
　実技の動画を共有する
②ロイロノートなどの「授業支援アプリ」等を使って，自分の考えや資
　料をもとに話し合う
③シンキングツール等を使って考えを整理する
④作成ややり直しが簡単にできるため，試行錯誤しながら考えを深める

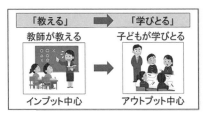

熊本市教育センターHP『「新時代の学び」に向けた1人1台タブレット端末の活用について』より

（山本　英史）

Q2 端末が1人1台になることで学校の授業はどのように変わりますか？

A 場所を選ばず，いつでもどこでも「調べる，撮る，記録する，考えを深める，アウトプットする」ことができます。

　タブレット端末が1人1台となると，今までパソコン室などで行われていたことが，場所を選ばず，いつでもどこでも好きな時に活用できるようになります。それによって子どもの主体的な学びを広げることができます。

　通常の授業では，自分の考えを説明したり，プレゼンテーションを行ったりすることが簡単にできます。

　タブレット端末を体育館や運動場，校外学習，見学旅行，修学旅行など教室以外に持ち運んで使用することで，校外学習や野外での観察などにも使うことができます。その場でカメラアプリを使って，写真や動画を撮影したり，気づきや自分の考えを記録したりすることで，自分の考えをまとめ，深めることができます。

場所を選ばず、いつでもどこでも活用できる
⇒ 校外学習、修学旅行、見学旅行、体育館や運動場での学習、野外での観察等ができる。

修学旅行にタブレット端末を持参し、フィールドワークに取り組む。

体育館や運動場にタブレット端末を持参。作戦を考え学び合う。

学級園の朝顔の写真を撮り、保存する。

熊本市教育センターHP より

（山本　英史）

Q3 1人1台端末が整備されたら，まず何を教えることから始めたらよいでしょうか？

A 写真や動画を撮影したり，検索して情報を集めたりしながら，情報を収集する力や情報を判断する力を育てることから始めます。

　タブレット端末は直感的に操作でき，子どもたちにとっては簡単に使うことができる道具です。事前に操作方法を学ぶ時間は，最小限にとどめることができます。

　落下や破損，周りの安全に気をつけて使うことを指導したら，写真や動画を撮影して情報を集めることなどの体験から始めてみましょう。

情報活用能力育成をスモールステップで目指す

　その他，1人1台端末を使って，情報活用能力の育成を目指す学習活動を体験しましょう。活動の例として以下のようなものがあります。

・情報を得る（インタビュー，アンケート，インターネット等の活用）

・情報を整理・比較する（集めた情報を目的に応じて分析）

・情報を発信・伝達する（相手に応じて，プレゼンテーション等で発信）

・情報手段の基本的な操作（写真や動画の撮影やタイピング入力）

・プログラミング的思考（意図した活動に近づくために論理的に考える）

・情報モラル・セキュリティ（安全かつ適切に情報端末を使う）

・統計（統計情報を読み取り，目的に応じて適切に活用）

（山本　英史）

Q4 端末を安全に活用するためにはどんなルールや約束事を決めたらよいでしょうか？

A 情報端末を使用するには責任が伴うことを理解させ，他人や自分が傷つかないような使い方を考えさせます。

　子どもたちに貸与されているタブレット端末は，学校や家庭で学習用として使用する物です。自分の物と同じように大切に使用するように伝えましょう。タブレット端末やスマートフォンなどの情報端末を使用する時には責任が伴うことを理解させ，他人を傷つけたり，自分の健康を疎かにしたりすることのないような使い方を考えさせることが情報モラル教育のスタートです。

　学習用のタブレット端末を利用するにあたって，次のような内容を親子で話し合う機会をつくってもらい，家庭と協力して進めましょう。

・**個人情報の保護について**…肖像権への配慮や個人情報をインターネット上に公開しない

・**人権侵害について**…相手を思いやり，傷つけたり，不快感を与えたりしない

・**著作権について**…他人の作品や表現を尊重し，使用するときには許可を得る

・**セキュリティやネットワーク上のルール，マナーについて**…不適切なサイトの閲覧や投稿を行わずアカウントやパスワードは自己管理する

・**健康面について**…時間を決めて使用する

　具体的なルールは，子どもたちと一緒に作成することで，より自分のこととして守ることができます。　　　　　　　　　　　　　　　　　（山本　英史）

Q5 端末の活用制限はどこまで必要でしょうか？

A 性能を最大限発揮し，自由な発想で使えるように，端末の制限は最小限にしましょう。

　タブレット端末は，破損や紛失，盗難防止に対応するために MDM（モバイルデバイス管理）ソフトで管理されています。それによってタブレット端末にトラブルが発生した場合，子どもが使用できない期間をなるべく短くするように管理しています。その他にも，アプリのインストールや利用制限，セキュリティ等，安全に利用できるように見守っています。しかし，アプリや本体の機能の制限が厳しすぎたり，利用する時間が極端に短く制限されたりしていると，授業や家庭で利用しにくくなってしまいます。

　タブレット端末の導入から2～3ヶ月経つ頃，子どもは様々な使い方を試す時期を迎えます。その時に極端な禁止や抑制に走らず，出てきた課題を「活きた教材」として指導できるようにしたいものです。

　タブレット端末を利用するのは子どもだけとは限らず，低学年の時は保護者も一緒に使い方を学びます。学校だよりや学級通信などをタブレット端末で配付するなど，家庭での利用状況がわかるような使い方をすると，保護者の理解も得られます。

　子どもを健康被害から守り，個人情報の流布などインターネットに起因するトラブルから守ることは言うまでもありませんが，子どもの自由な発想を引き出すような使い方を目指しましょう。

（山本　英史）

Q6 授業におけるタブレット端末を使っての写真や資料等の使用について，著作権の問題はないのでしょうか？

A 著作権法35条の改正（2020年4月施行）により，インターネットを用いた授業のための著作物の利用が著作権者の了解（許諾）なしで可能となりました。

　小説，絵，音楽などの作品をコピーする際には，原則として著作権者の許諾を得る必要があります。ただし，学校や教育センターなどの教育機関においては，その公共性から例外的に著作権者の許諾を得ることなく一定の範囲で自由に利用することができます。これまでは，学校内や遠隔合同授業（対面授業同士をつないだ遠隔授業）に限って許諾なしでの利用が認められていました。それが，改正著作権法35条（2020年4月施行）により，インターネットを利用した授業のための著作物の利用（メールによる送信やサーバーへのアップロード）が許諾なしで可能となりました。

　ただし，学校などの教育機関において，インターネットが用いられた授業のために著作物を利用するには，教育機関設置者（教育委員会など）が，補償金を支払う必要があります。熊本市でも毎年1000万円以上の補償金を支払うことによって，学校においてICTを活用した授業が容易に行えるようにしています。　　　　　　　　　　　　　　　　　　　　　　　　（前田　浩志）

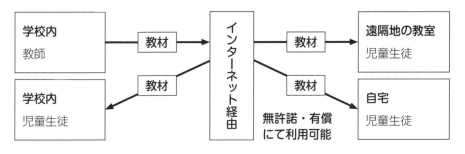

Q7 端末管理の方法を含め，端末の持ち帰りの
メリット・デメリットについて教えてください。

端末を持ち帰ることにより，子どもに主体的な学びを促す機会が増えます。ただ，家庭や通学路における破損や故障のリスクも増えます。

　タブレット端末を持ち帰ることで子どもの主体的な学びの機会が増え，活用法が広がります。

> ・家庭学習の課題等に端末を使って取り組むことができる
> ・学校便りや学年便り，学級通信をデジタルで配付することができる
> ・連絡帳のように，学校や担任と連絡をとる手段として使うことができる
> ・学校評価やアンケート調査の実施と集計が簡単に実施できる
> ・休校時や非常時の連絡手段に使うことができる

　ただし，端末を持ち帰ることでデメリットが生じないように，特に次のような指導を行います。

> ・次の日の学習に使えるように家庭で充電し必ず学校へ持っていく
> ・持ち帰るときは，落下や破損，紛失などに注意し，タブレット端末に異常があった時は，すぐに保護者や教師に知らせるようにする
> ・長時間利用による視力低下や睡眠不足など，健康を害することがないように使い方を指導する

（山本　英史）

Q8 端末が1人1台になることで，家庭での学習は
どのように変わるでしょうか？

A 学校と家庭での学びを組み合わせることで，新しい学びに挑
戦したり，学びを深めたりすることができます。

　タブレット端末を持ち帰って学校と家庭での学びを組み合わせることで，
場所を選ばず，いつでも，何度でも繰り返し学習することができます。さら
に，今まで取り組んだことのない新しい表現方法を使った学習に挑戦するこ
とができます。

【学校と家庭での学びを組み合わせた学び】
・授業で出された課題の続きに家庭で取り組むなど，家庭でも学習を深
　める
・教科書に掲載されている Web 上や QR コードにリンクしている資料
　を使って事前に学習する
・不登校や感染症に対する不安などで学校に来られない子どもに対して
　課題の提示，動画の視聴，オンライン授業等を行うことで個人のペー
　スに合わせた学習を提供する
【創造性を育む新しい学び】
・写真や動画を使って取材したり，学んだことをアウトプットしたりす
　る
・音楽作成アプリを使って作曲したり，物語の場面や絵に合った BGM
　をつくって表現を工夫したりする

（山本　英史）

Q9 低学年のタブレット端末操作はどこからスタートすべきでしょうか？

A おすすめは，カメラ機能です。写真を撮り，気づきや考えを直接写真に書き込み，対話を通して学びを深めます。

　カメラ機能のよい点は，子どもたちが主体的に身近なところから情報を収集したり，相手にわかりやすく伝えたりできることです。家庭で保護者のスマートフォンを使ったことがある子どもたちにとって，カメラは馴染みある機能です。タブレット端末を使った学習として，簡単に端末操作を学ぶこともでき，すぐに学習に活用することができます。

　例えば，生活科の植物の観察では，成長の様子をカメラを使って撮影します。撮影した写真にマークアップ機能を使って日付や気づきを直接書き込みます。これを毎回保存していくことで，成長の様子を比較しながら観察することができます。

　また，文字がうまく書けない入学したばかりの１年生でも，写真を使えば自分の考えや気づきを相手にわかりやすく伝えることができます。

　他にも，生活科や図工でつくった作品を撮影し保存したり，クラス全体で共有したりすることができます。友だちの作品の工夫に気づき，よさを真似たり，直接その方法を友だちに聞きに行くなどしたりして，自分の作品に生かすことができます。

（前田　浩志）

Q10 文字（ローマ字）入力の技能の差については どのように対応したらよいでしょうか？

A 朝自習や雨の日の休み時間，学校での隙間時間や家庭学習等を活用して，短時間でも毎日練習をすることで技能を高めることができます。

　文字（ローマ字）入力の技能は，繰り返し練習することで少しずつ高めることができます。3年生でローマ字を習いますが，その数時間の練習ではタイピングの技能を身につけることは難しいでしょう。短時間でも毎日練習をする機会をつくることで，子どもたちの文字入力の技能は向上していきます。

　はじめのうちは，短い言葉を入力する練習から行うとよいでしょう。無料で公開されている子ども向けのタイピング練習教材を使うことで，ホームポジションや指の動かし方などを段階的に学んでいくことができます。朝自習や雨の日の休み時間，学習が少し早く終わった時などの隙間時間を活用したり，家庭学習等を活用したりして意識的に練習を行うと，子どもたちも楽しみながら技能を高めることができます。

　学習指導要領においても，「小学校段階ではそれらの情報手段に慣れ親しませることから始め，学習活動を円滑に進めるために必要な程度の速さでのキーボードなどによる文字の入力（中略）などの基本的な操作を確実に身に付けさせるための学習活動を，カリキュラム・マネジメントにより各教科等の特質に応じて計画的に実施していくことが重要である」と示されています。

　高学年では，様々な教科においてキーボードで振り返りを書くようにしていけば，自然と文字入力の技能も高まるだけでなく，お互いの記述を読むことができるので，相互作用も促され学びを深めることにつながります。

（前田　浩志）

Q11 1人1台端末を効果的に使うために，
どんなアプリで，どんなことができますか？

カメラで写真や動画を撮ったり，ブラウザで Web 検索をして
情報を集めたりできます。また授業支援アプリを使うことで
子どものデータを蓄積することができます。

【カメラアプリを使ってできること】
・植物の成長の様子や昆虫などを写真に撮って記録する
・自分の作品の制作過程や完成作品を写真に撮って記録する
・運動の様子を動画に撮って改善点を探す
・音読の様子を動画に撮って読み方を確認する　…など
【ブラウザアプリを使ってできること】
・調べたい語句をキーワードにして必要な情報を集める
・キーワードを基にして画像を検索し必要な情報を集める
・Web 教材や動画を使って学ぶ　…など

　上記のことは，タブレット端末の標準アプリであるカメラアプリやブラウザアプリを使ってもできますが，授業支援アプリのカメラ機能やブラウザ機能を使うことで，さらに次のようなこともできます。
・写真や動画に直接書き込むことができる
・1人分の写真を表示したり，数人分を並べて表示し，比較したりできる
・写真や動画をクラス全員分集めて一覧にしてお互いに見ることができる
・授業支援アプリ内に保存するのでデータの蓄積ができる　…など

（山口　修一）

Q12 授業支援アプリ「ロイロノート・スクール」について，その特徴やよさも含め教えてください。

A ロイロノート・スクールは，カードに情報を集め，それらを組み合わせて考えを表現したり，情報を友だちと共有したりできます。

　ロイロノート・スクール（以下：ロイロノート）は，様々な情報をカードとして自由につくり，それらを自由につなぎ合わせることができる授業支援アプリです。カードは子どもたちが自由に追加したり，削除したりすることができ，子どもたちが主体的に学習を進めることができます。できたカードは，教師がつくった「提出箱」に提出することで，クラス全員のカードを共有することができます。「提出する」という日頃実際に行っていることと同じ操作をすることになるので，子どもたちも迷わずその操作をすることができます。子どもたちにとって操作が簡単な授業支援アプリです。

【ロイロノートの特徴やよさ】

・子どもたちが主体的に学び合う双方向授業が実現できる
・シンキングツールによって思考を可視化することができる
・授業ごとにデータが分かれて自動的にクラウドに保存され，いつでも見ることができる
・カードを提出箱に提出させて回収し，一覧表示することができる
・提出されたカードは，回答共有機能を使って子どもたちが自分の考えを仲間と共有し学び合うことができる
・「送る」機能を使って，子どもたち同士でデータの交換が簡単にできる
・カードをつなげたり，順番を自由に入れ替えたりして発表のためのスライドを簡単につくることができる
・カードを整理することで振り返りが簡単にできる　　　　　（山口　修一）

Q13 授業支援アプリ「MetaMoJi ClassRoom」について，その特徴やよさも含めて教えてください。

A MetaMoJi ClassRoom は，配付したノートでリアルタイムに子どもたちの学習状況を把握することができます。

　MetaMoJi ClassRoom（以下：メタモジ）では，学習内容に合わせて「一斉学習ページ」「個別学習ページ」「グループ学習ページ」「クラス学習ページ」の４種類のページを自由に組み合わせて学習ノートをつくれます。その学習ノートを子どもたちに配付することで学習を進めます。配付された学習ノートは，教師のノートとリンクした状態になっているので，子どもたちがノートに作業した内容がリアルタイムに教師のノートに反映され，子どもたちの学習状況を把握することができます。そのため，作業に迷っている子どもやつまずいている子どもなどに個別の支援を行うことが可能です。

【メタモジの特徴やよさ】

・子どものノートは教師のノートとリンクしているため，モニタリング機能を使うことによって活動の様子がリアルタイムでわかる

・一斉学習，個別学習，グループ学習，クラス学習と４種類の学習ページをいくつも組み合わせて授業の流れに合ったノートをつくることができる

・子どもたちが自由に動かせる絵や写真などをノートの上に置くことができるので，子どもたちが実際に操作しながら学ぶことができる

・教師の操作したことが，リアルタイムに子どもたちのノートに反映されるので，個別指導や全体指導，またオンライン授業などを適切に行うことができる

・授業ノートは自動的にクラウドに保存され，データを蓄積することができ，いつでも見ることができる　　　　　　　　　　　　　　　　（山口　修一）

第 **2** 章

はじめての
1人1台端末授業
教科別　実践アイデア

GUIDE ◇ IDEAS

難易度 ★☆☆ 01 想像しておはなしをかこう

活動形態：個人　ペア　グループ

熊本市立泉ヶ丘小学校　**中山　伸子**

主なICT機能：　| 配信・共有 |　撮影・記録　可視化　創造　操作・体験

ねらい

想像したことから書くことを見つけ，シンキングツールを用いて登場人物についてのイメージをもつ活動を通して，登場人物についてのメモをつくり，簡単なお話を書く力を育む。

1 くらげチャートで登場人物のイメージを広げる

ロイロノートのシンキングツールから「くらげチャート」を選びます。くらげの頭の部分に自分が決めた主人公の名前を書きます。足の部分に得意なことやできることを考えて書き込んでいきます。くらげチャートを完成させることで登場人物のイメージを広げることができます。

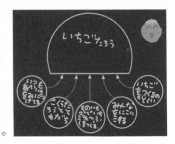

くらげチャートをロイロノートの提出箱に出させた後，教師が「回答共有」の機能を使うことで，子どもたちはお互いのカードを見合うことができます。質問をし，感想交流をした後，自分のくらげチャートに付け加えや書き直しをしていきます。書くことが思い浮かばない子どもも，友だちのくらげチャートを見てイメージを膨らませることができます。

【活動内容】

ロイロノートのシンキングツールから必要なツールを引き出す練習です。手書きで自由に思いついたことを書いていきます。

2 主人公の見た目や性格などの特徴をメモに書く

　教師が用意した「人ぶつの名まえ」「どんな
人ぶつか」が書けるロイロノートのカードを「送
る」機能を使って子どもに配付します。子どもた
ちはくらげチャートをもとに，カードに書き込み，
メモをつくります。ロイロノートでカードを自
由に動かしつなぎながら，時間的な順序に沿っ
て事柄を並び替えていきます。

【活動内容】

　キーボードでカードに書き込む練習です。縦書きに変更する方法も覚えま
す。必要に応じてカードを追加していきます。書く順序に沿って，カードを
並べ直し，動かないようにピンで固定する練習をします。

【タブレット活用の利点】

　提出後，「回答共有」することで，子どもたちが友だちのカードを見るこ
とができるので，学び合いが生まれます。

3 物語を紙の学習シートに書いて読み合う

　メモやくらげチャートを見ながら，成長した主人公がどのようなことをす
るのか想像して縦罫の用紙に物語を書いていきます。登場人物が言ったこと，
したこと，周りの様子などの小さな事柄をつないでいくように促します。

　書き始めは「むかしむかし…。ある日，おばあさんは○○で△△をひろい
ました」と型を示すことで，抵抗なく書き進めることができます。

　書いたお話を読み合い，感想を伝え合います。家庭にも持ち帰り，音読練
習を兼ね，保護者の方にも聞いてもらいます。

　書いたお話をロイロノートで写真に撮ったり，音読を録音したりすること
で，蓄積されポートフォリオにもなり，自分の歩みが実感できます。

難易度
★★☆

02 ポスターをつくって 外国のことを紹介しよう

活動形態：個人　ペア　**グループ**　熊本市立泉ヶ丘小学校　**深川　佳織**

主なICT機能：　配信・共有　　撮影・記録　　可視化　　創造　　操作・体験

ねらい

　グループで協働して課題に取り組んだり，お互いの考えを共有して深めたりしながら，対話的に学ぶ楽しさに気づくとともに，調べたことをわかりやすく伝える力等を育む。

1 調べる計画を立て，必要な情報を整理する

　グループ編成のため，調べたい国についてロイロノートで授業前にアンケートを取ります。ロイロノートのカードに国名とその理由を書かせて提出箱に提出させます。アンケートの結果は，教師用タブレット端末に一覧で表示され，回答カードを色分けすることで，調べたい国が同じ子どもや調べたい理由が似ている子どもがひと目でわかります。それにより，意図的かつ効率よくグループ編成が可能です。ロイロノートには，アンケート機能もあり，それを活用することもできます。

　編成したグループごとに集まって，調べる項目を決めさせます。その後，個別学習で情報収集や整理に集中して取り組みます。収集した情報は，ロイロノートの資料箱（データをフォルダ分けして保存する機能）に保存します。調べたことをノートに手書きし，自分のノートをタブレットで撮影し，グループの資料箱で情報を共有する子どももいました。

2 調べたことをポスターにまとめる

メタモジで，複数の子どもが同じシートに同時に書き込みができる機能を活用し，グループで1つのポスターを作成します。1か所に集まることなく，個々のタブレット端末で作業をしながら編集ができるので，ソーシャルディスタンスを保ちながら活動することもできます。また，授業中だけでなく，休み時間や家庭でも編集が可能なので，

納得するまで何度もやり直しができます。イラストを入れる際は，お絵描きソフトを活用したり，紙にかいたイラストをタブレット端末で撮影してシートに取り込んだりします。文字入力は，キーボードを活用したり，手書き入力を活用したりしながら，自分に合った方法を選びます。教師は，「モニタリング機能」を使って進捗状況を把握し，必要に応じて個別指導をします。子どもがかいたものをお手本として学級全体に共有して深い学びへ導きます。

3 調べたことを発表する

単元の後半では，グループで調べたことをわかりやすく伝えます。メタモジで作成したポスターを拡大印刷しました。発表の練習は動画撮影し，自分の発表を客観的に振り返り，課題を浮き彫りにすることで本番までにブラッシュアップできます。グ

ループ内でも，発表に対するアドバイスや励ましの声かけなど，活発な意見交換で対話も生まれました。また，上手にできている子どもの動画を全員の端末に配信し，よりよい発表にする指導にも活かすことができました。

難易度
★☆☆

03 新しい数え方クイズをしよう

活動形態： 個人　**ペア　グループ**　熊本市立日吉小学校　**後藤　南**

主なICT機能：　配信・共有　撮影・記録　可視化　|創造|　操作・体験

ねらい

　自分で新しい数え方を生み出すことの楽しさを感じながら，友だちと数え方クイズに取り組む活動を通して，多様な考え方があることに気づく力を育む。

1 新しい数え方を考え，クイズ①をつくる

　わたあめの特徴は，「ふわふわしているところ」だから「1ふわ」など，物の特徴から新しい数え方を考えます。グループごとに物の種類を決めてもいいでしょう（例：食べ物，乗り物，文房具等）。

　まず，教師がロイロノートを使って見本としてクイズを出します。1つ目のカードには，数え方と，ヒント（物の特徴）を書いておきます。このとき，最初はヒントを隠しておきます。「ヒントが見たい」という声が出たら隠しているカードを外してヒントを見せます。2つ目のカードには，物の名前（答え）と，特徴がよく表れている写真や絵を載せておきます。

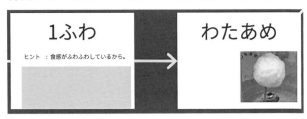

1つ目のカード　　　　　2つ目のカード

2 ペアでクイズを出し合う

ペアになり，新しい数え方クイズを出します。先程の
ように，ヒントを見せながらクイズをします。もし難し
いようなら，追加でヒントを出していきます。自分のク
イズに答えてもらったら，交代して友だちのクイズに答
えます。

【クイズの例】

・「1読み」	読むから	→	本
・「1魚米」	魚と米でつくるから	→	寿司
・「1勉」	勉強に使うから	→	教科書
・「1軽」	誰でも持てるくらい軽いから	→	風船

3 1つのお題で新しい数え方を考え，クイズ②をつくる

クイズを何人かと交流したあとは，1つのお題（例：ラーメン）で，新し
い数え方を考えます。クイズ②は，ある特徴からどんな数え方をつくったの
か当てるクイズをします。1つ目のカードに特徴を，2つ目のカードに数え
方（答え）を書きます。クイズ①と同じように1枚目のカードを表示して，
クイズを出し，次に2枚目のカードで答えを表示します。みんな同じお題な
ので，取り組み方はグループでも全体でも盛り上がります。

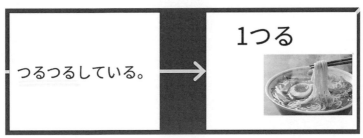

| 1つ目のカード | 2つ目のカード |

難易度
★★☆

04 相手にわかりやすく伝わるように話をしよう

活動形態：個人　ペア　グループ

熊本市立月出小学校　髙宗　智史

主なICT機能：　配信・共有　｜　撮影・記録　｜　可視化　創造　操作・体験

ねらい

　アンケート調査の結果についてわかりやすく伝えるために，グラフにまとめたり，話の構成を考えたりする活動を通して，話し方を工夫して報告できる力を育む。

1　電子黒板で学習の流れをつかむ

　事前に，クラスでとったアンケート結果や教科書のグラフ，表を電子黒板で見せます。そして，今日はこれらの資料を使って報告会をするということを告げます。「クラスがよりよくなるために」など，目的の明確なものにするように伝えます。次に，デジタル教科書などにある見本を見せて，単元のゴールのイメージをもたせます。報告会はビデオで撮影して各自のタブレット端末に送り，いつでも見られるようにします。

2　グループでアンケート内容を考える

　メタモジのグループ学習機能を使って，アンケートを考えていきます。「選択型にしようか，自由にかいてもらおうか」「この質問は1で答えた人だけでいいかな」などとグループで話し合い，同時に書き込みながらつくっていくことができます。

　メタモジを使い，協働で考えたものを，ロイロノートのアンケート機能を

使って作成していきます。これは，単元の最初に教師が見せたアンケートと同じ機能です。これを使うと，集計して棒グラフまで作成ができます。そして，集計結果を分析し，どんなまとまりに整理して報告したらいいのか考える時にはメタモジを使います。各自タブレット端末を使い，グループで意見を言いながら修正，加筆していくことができます。教師はメタモジのモニタリング機能を使い，リアルタイムでグループの一覧を見たり，グループの近くに行ったりして，進捗状況を確認できます。

３ 組み立てを考え，話す練習をする

　メタモジを使い，グループ内で話す順番や分担を決めます。グループで「この資料は必要だよね」「ここは表をかきたいな」など，話し合いながら進めます。グループ学習でつながっているので，授業中に終わらない場合も宿題にして家庭で続きを行うことができます。

４ 報告会を開き，振り返りをする

　発表の練習は，タブレット端末で自分たちの練習の様子を動画に撮りながら行います。撮った動画を見て，話すときのポイントを確認しながら，自分たちで改善点を話し合い練習を重ねます。発表の様子も動画で撮ります。ロイロノートで「発表のポイント」→「動画」→「報告会の振り返り」のカードをつないで学習の過程を整理します。振り返りでは，子どもたちはタッチペンでロイロノートのカードに直接書くか，新たなカードを挿入してそこにキーボードで打ち込みます。あるいは，紙に書いた振り返りをロイロノートで写真に撮り，提出箱に提出します。

05 みんなで見学旅行の新聞をつくろう

難易度 ★★☆

活動形態：個人　ペア　グループ　　　熊本市立五福小学校　野口　澄

主なICT機能：　配信 共有　｜撮影・記録｜　可視化　｜創造｜　操作・体験

ねらい

　見学旅行を素材として調べたり撮影したりした画像をもとに，タブレット端末で新聞にまとめる活動を通して，タブレット端末を使って共同の成果物をつくる際に必要なスキルを身につける。

1 見学旅行のしおりに取材メモや写真を貼り付ける

　まず，子どもたちのタブレット端末のロイロノートに PDF 形式の「見学旅行のしおり」を送っておきます。

その「見学旅行のしおり」をロイロノートで読み込み，その上に写真を貼り付けたり，手書きでメモしたり，動画を撮って貼り付けたりして見学旅行の新聞を作成します。「見学旅行新聞をつくります。記事で使うような写真を撮って，しおりに貼り付けておきます。また，メモもしておきます。手書き機能で直接しおりに書き込んでもいいですし，テキストカードを使って書いてもいいです」のように伝え，ゴールを明確にもたせましょう。

　見学旅行のしおりや取材メモなどすべて保存されているので，子どもたちはタブレット端末だけを持って見学旅行に行くことができます。

2 写真を選択し，自分の担当記事を書く

　国語の時間に「記事の書き方（5W1H）」を学んだ後，班で活動します。班でどの記事を書くか「担当」を決めます。次のように伝えます。

　「新聞フォーマットを送ります（端末に送る）。班で割り付けてください」

　教師はあらかじめロイロノートのカードに新聞フォーマットをつくっておき，それをクラス全員に配付します。それから，記事はどこまでを誰が担当するか決めさせます。最初の段階では一段を１人分とするとよいでしょう。そして次の指示へ移ります。

　「写真を１枚選び，写真に合った見出しを決めます。その後，記事を書いていきます。記事を書いてそれにあった写真を選んでもいいです。見出し＋写真＋記事が３点セットです」

　記事はキーボードを使うとスムーズですし，タイピングに慣れさせることもできます。班で教え合うなどしながら協力して記事を作成します。

3 記事を提出箱から取り出して１つの新聞にまとめる

　班の子ども一人ひとりが担当した記事を書き終えたら，下記の手順で新聞としてまとめます。

①記事提出用の提出箱をつくる→②その記事を提出箱に提出させる→③班の代表が班員の記事を提出箱から取り出す→④班で話し合いながら新聞フォーマットに貼り付けて新聞を完成させる→⑤完成した新聞を別の提出箱に提出させる→⑥班員が自分たちの新聞を提出箱から取り出す→⑦班で読み合い修正する→⑧班で完成させた新聞を代表が提出箱に送る

　右上写真が完成した新聞です。記事のやり取りも修正もタブレットなら簡単にできます。

難易度
★★☆

06 心が動いたことを 三十一音で表そう

活動形態：個人　ペア　グループ　　　　熊本市立日吉小学校　岩﨑　功起

主なICT機能：　配信・共有　撮影・記録　可視化　創造　操作・実験

ねらい

　1つの言葉からいろいろな表現が増えていくことや，音や様子を表す言葉の面白さを感じながら，順序を入れ替えたり言葉を選び直したりすることで，言葉で表現する力を育む。

1　1つの言葉から表現を広げる

　1つの言葉から連想される言葉をクラス全員で確認しながら，連想メモをつくりあげていきます。例えば「（冬休み）と言えばどんなことを思い浮かべるかな？」と問います。

　「お年玉」「雪だるま」「お正月」など，一人ひとりが思い浮かべた言葉が出てきます。それを線でつないで，思い浮かんだ言葉からさらに思い浮かんだ言葉を広げていきます。これらを板書しながら，連想メモがどういうものなのかを全体共有していきます。言葉だけではなく，「何がどうした」や「どう思ったか」など，短い文になってもよいことを確認していきます。

　また，オノマトペについても考えていきます。例えば「今，雪の上を歩いています。どんな音がするのか想像してみましょう」と聞くと，子どもたちから「ザクザク」や「カサカサ」など，さらに「雪をさわったらどんな感じだろう」と聞くと「きゅっきゅっ」や「サラサラ」など，子どもたちが想像している雪によって表現が違うことが見えてきます。

2 タブレット端末を使って言葉を広げる

　連想メモのイメージができたところで4人グループをつくります。一人ひとりがタブレット端末のメタモジを起動して，共同編集できるように設定された1つのシートにそれぞれのタブレット端末で書き込んでいきます。1人では言葉を広げることができなくても，4人で協力することで言葉の広がりが出てくることを確認することができ，安心して活動できるようになります。

　最初は，シートの中心に1つの言葉を書きます。例えば「冬休み」だとすると，その言葉から連想できることを黄色の付箋で言葉にしていきます。また，思ったことを青色の付箋にしたりオノマトペを赤色の付箋にしたりして，色で分けていくこともできます。一人ひとりが考えた言葉が1つのシートの中でどんどん広がっていく楽しさがあります。また，

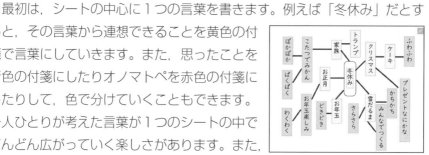

4人で協力するため，友達が考えた言葉をリアルタイムで確認しながら短時間で広げていくことができます。こうしてできあがった連想シートが短歌をつくるときの材料になります。

3 言葉を入れ替えたり選び直したりする

　短歌をつくりあげていくためにロイロノートを起動します。連想シートをもとにして，五音と七音の言葉を選んだり組み合わせたりしていきます。ロイロノートの画面の中で言葉を入れ替えたり，言葉を選び直したりできます。言葉の響きやリズムを確かめながら，五音と七音の言葉を画面の中で動かすことができるので，順序を変えることも簡単です。

07 友だちの考えをもとに 多角的に考えよう

難易度 ★★☆

活動形態：個人　ペア　グループ　　　　熊本市教育委員会　宮津　光太郎

主なICT機能：　配信・共有　撮影・記録　可視化　創造　操作・体験

ねらい

1つのテーマについて書かれた筆者の考えに対する意見を交流する活動を通して，テーマについて多角的に考えを深め，自分の考えを表現する力を育む。

1 筆者の考えについての意見をまとめる

1つのテーマについて書かれた説明文を読み，筆者が何を伝えたいのかを読み取っていきます。筆者が伝えたいことを明らかにした後，同じテーマで，最初の説明文とは異なる面から見た資料を提示します。1つのテーマについて異なる意見を知っ

た子どもたちに「筆者の考えに賛成しますか，反対しますか？考えをカードに書いて提出しましょう」と伝えます。ここではロイロノートを使用します。

賛成は水色，反対は黄色のカードを選び，その理由をカードに書いてロイロノートの提出箱に出させます。提出箱の設定を無記名にすると，誰がどのような考えをもっているか，カードに書かれた内容により目が向くと思います。

2 友だちの考えを読み，多角的に考える

　提出箱の回答を共有し，友だちの考えを見ることができるようにして「友だちの考えを読んで，納得したものをバタフライチャートに整理しましょう」と伝えます。バタフライチャートには強い賛成，賛成，反対，強い反対の４つのカードを貼っておき，納得した友

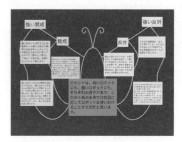

だちの意見のカードを提出箱から取り出し，バタフライチャートの適切な場所に置いていくように指示をします。子どもたちは提出箱を開き，友だちの考えを読みます。自分とは違う考えにも触れ，テーマについて多角的に考えを深めていくでしょう。ある程度まとめることができたらペアやグループでバタフライチャートに整理したことを交流する時間をとります。

　「私は筆者の考えに対して賛成の立場だったけれど，友だちの反対意見の理由を読んでなるほどと思ったよ」などの子どもたちのつぶやきを取り上げ，多角的に考えていることを価値付けます。

3 最終的な自分の考えを書く

　多角的に考えを深めたことをもとに，テーマについて最終的な自分の考えをまとめさせます。その際，最初にもっていた考えが，複数の異なる意見の資料を読んだことと友だちの様々な考えを知ったことによって，最終的にどのように変化したのかがわかるようにします。ロイロノートに書いている自分の考えのカードを並べ替えることで，考えがどのように深まっていったのかを明らかにすることができます。それを参考にして意見文を書くようにします。このようなロイロノートなどの授業支援アプリを使った交流は，様々な教科で活用できます。

難易度 ★★☆ 08 意見の根拠を明確にして話そう

熊本市立砂取小学校　福山　元

活動形態：個人　ペア　グループ

主なICT機能：　配信・共有　撮影・記録　可視化　創造　操作・体験

ねらい

資料からわかる事実をロイロノートのカードに書き，カードを操作しながら関連を見つけ，自分の考えを見つける活動を通して，思考力，判断力，表現力等を養う。

1 資料から見つけた事実をカードにする

第1時で，前もって用意しておいたグラフ等の資料をロイロノートに配付します。例えば，食品ロスの原因の内訳を示す資料を配付し，「この資料からわかる事実は何かな？」と子どもたちに質問すると，「家庭における食品ロスで1番多いものは野菜類で2番目が果物類です」「家庭における食品ロスの約半分が野菜です」などの反応が返ってきます。

写真のように，わかった事実をロイロノートのカードにたくさん書いていきます。この際，「野菜が苦手な人が多いのかもしれない」や「野菜は傷みやすいから残ってしまうのかも」など，資料から想像したことを子どもたちが述べた場合は，その反応も認めた上でここでは明らかにわかる事実だけを取り上げることを確認します。

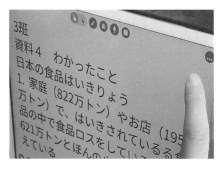

2 第1時で書いたカードを組み合わせて意見をつくる

　第2時では，第1時で書いたカードを組み合わせ，意見をつくります。最初は，教師と一緒に組み合わせ，考えを見つけていきます。教師は，子どもたちがつくったカードを電子黒板に映しておいて，「つながりのあるものはないかな？」と質問します。

　例えば，子どもたちは，「家庭における食品ロスで一番多いものは野菜」というカードと「家庭における食品ロスにおける内訳では，皮のむきすぎなどで捨てるという理由が最も多い」というカードをつなぎ合わせ，「野菜の皮のむきすぎが食品ロスにつながっているのではないか」という考えをもつことができます。さらに，「野菜の調理の際に皮のむきすぎに注意することが，食品ロスを減らすことにつながる」という考えにたどり着く子どももいるかもしれません。

　子どもたちは，自分が書いたカードを操作しながら，つながりのある事実を組み合わせていくことで，根拠を明確にした自分の意見をつくることができます。

3 意見を発表する

　第3時では，子どもたちが見つけた意見を交流します。今回はフードロスを減らすための取組について根拠を示しながら，意見を述べていきます。

　カードとカードをつなぎ合わせ，事実と事実を結び付けて考えを導くこの方法は，意見を書く際や説明的文章を読んで自分の考えを見つけていく際にも使えます。ぜひ，やってみてください。

難易度
★☆☆

09 読んだ感想を漢字一字で表そう

活動形態：個人　ペア　グループ　　　　　熊本市立砂取小学校　福山　元

主なICT機能：　配信・共有　　撮影・記録　可視化　創造　操作・体験

ねらい

　「伝記」を読んで感じたことをタブレット端末に漢字一字で表現し，それをもとに交流する活動を通して，学習意欲を高めるとともに，根拠をもって自分の感じたことを話せる力を育てる。

1 伝記を読んで一字で表現する

　ロイロノートのカードに漢字一字を書かせ，提出箱に提出させ，一覧表示を電子黒板に映し出すことで違いを視覚化し，意欲を引き出す活動です。

　今回は，伝記を読んで感想を伝え合うという活動を紹介します。

　まず，「伝記を書いた筆者は何をあなたに伝えようとしたのでしょう。あなたが受け取ったことを漢字一字で表現してください」と問います。

　子どもたちは思い思いの漢字一字を選んでいきます。この時，子どもから「熟語でもいいですか」や「送り仮名をつけなくてもいいですか」などの質問があるかもしれません。子どもには「熟語でもその中の一字を選んで書いてごらん」や「送り仮名は必要ないよ」と伝え，漢字一字で表現するように促します。全員が統一して漢字一字で書くことによって，子どもたちそれぞれの感じ方の差異を明確に

することができ，また，友だちに自分がどうしてこの漢字一字にしたのか，その理由を説明する必要性も生まれます。

2 漢字一字を集めて違いを明らかにする

全員が「漢字一字」を書いたら，タブレット端末でその字を教師に送信させ，みんなでどんな字を書いたのか1つずつ見ていきます。

また，Mentimeter などの Web サービスで表示するのも，どんな漢字が多かったかがひと目でわかるためよいでしょう。

子どもたちは，自分が選んだ漢字を「同じだ」と確認したり，「えっ，どうして，こんな字を」と疑問に思ったりするでしょう。ここに話し合う必要性が生まれます。

3 意見を発表する

授業の後半は，交流の時間です。どうして，その漢字を選んだのか意見交換をします。全員が表現する機会を確保したいときには，グループで交流をするようにします。また，全体の場で深める場合には，「理由を聞きたい一字はありますか」や「どうして○○君は▲という字にしたのだと思いますか」と問うことで，友だちの感じ方をみんなで考えることができます。

この活動は，単元の導入の際にも，本の紹介にも様々な場面で活用できる活動です。ぜひやってみてください。

難易度
★★☆

10 感じたことや考えたことを朗読で表現しよう

活動形態：個人　**ペア**　グループ　　熊本市立尾ノ上小学校　**奥園　洋子**

主なICT機能：　配信・共有　|撮影・記録|　可視化　創造　操作・体験

ねらい

作品に対する自分の感じたことや考えを深めて朗読の仕方を考えるとともに，録音した朗読を確認しながら工夫することを通して，表現する力を育む。

1 ロイロノートに配付された学習シートに書き込む

教師はあらかじめ教科書の『生きる』（谷川俊太郎）を，ロイロノートの写真カードを使って写真に撮り，子どものタブレット端末のロイロノートのカードでつくった学習シート（音読の工夫を書き込むシート）とともに配付しておきます。教師も電子黒板に同じものを映し，「ど

のように朗読すれば自分の感じたことや考えたことが表現できるでしょうか？」と質問します。

子どもたちは，「強弱をつけて読む」や「速さを変える」などと反応します。そこで，ロイロノートに配付されたシートに朗読する時の工夫点を具体的に書き込ませます。

2 朗読を録音して表現の工夫をする

　音声を録音する方法を最初に伝えます。電子黒板に映している教師用タブレット端末で見本をみせるとよいでしょう。

　子どもは，表現の工夫を記入したシートを見ながら朗読を録音します。そして，再生して聴きながら，自分の感じたことや考えたことがうまく表現され，それが相手によく伝わる朗読になっているかを確認します。録音は，子どもが納得できるまで何度でも録音するようにします。配付した学習シートにも，さらに工夫したい点を書き込むことができます。

3 友だちや自分の表現のよさを伝え合う

　授業の後半は，ペアの子ども同士で朗読をします。この時は実際に生の声で友だちに朗読をします。友だちは，交換したタブレット端末に表示された朗読する子のシートを見ながら，表現の工夫に焦点をあてて聴き，よいところを相手に伝えます。

　ロイロノートの録音機能を使って自分の朗読を録音し，何度も練習を繰り返すというこの活動のよさは，自己評価を繰り返しながら表現の力を高めることができる点にあります。また，家庭でも繰り返し取り組むことができます。さらに，ロイロノートでシートや音声を提出させておくと，教師は一人ひとりの工夫を丁寧に見取ることができます。

11 「読み手を大切にする」防災パンフレットをつくろう

活動形態：個人　ペア　グループ

熊本市立桜木小学校　緒方　傑

主なICT機能：　配信・共有　撮影・記録　可視化　│創造│　操作・体験

ねらい

　「防災パンフレットコンクールの審査員をしよう」の活動を通して，情報をどのように伝えているかということに目を向けさせ，自分たちの思いを伝えるための表現の効果について課題意識をもたせる。

1 自然災害について自分たちにできることを考える

　新聞記事などをきっかけにして，自然災害について知っていることを出し合う中で，自分たちができることを考えます。その上で，班のメンバーでパンフレットをつくって下級生に防災を呼びかけるという目的意識と相手意識を確かめ，学習の見通しをもたせます。

2 パンフレットの3つの書き方について評価し合う

　パンフレットの3つの書き方を示したカードをロイロノートで配付し，
「みんなが審査員なら，どれが1番いいですか」
と質問します。

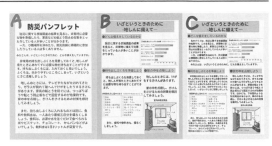

　Aは文字だけで資料がないことから，子どもたちは「Aは絶対にない」と

つぶやきますが，BとCのどちらにするかで悩み始めます。そこで，「BとCの書き方や内容なら防災パンフレットとしてはどっちがいいかな？」と聞き，選んだ方をロイロノートの提出箱に提出させ，それぞれの立場を明確にした上で，選んだ理由や選ばなかった理由を全体で共有していきます。教師はその理由を聞きながら，板書に整理していきます。

Aの書き方や内容	Bの書き方や内容	Cの書き方や内容
・資料や見出しがなく，どこが大事なところかわからない。 ・文字ばっかりで，読みたくなくなる。	・どちらも資料や見出しがあり，どこが大事なところかひと目でわかる。	
	・簡単に書いてある。（内容が一般的）	・資料をもとに，詳しく書いてある。（具体的，数値，例え）

　学習の目的意識や相手意識に立ち戻りながら，数値や例えがあった方がより相手の防災意識を高めることができるのではないかと，Cの書き方を目指すゴールのかたちとして設定し，さらに表現の工夫について考えていきます。

3 情報を集め，整理し，書き方にまとめる

　その後の授業では，自然災害から1つテーマを決めて調べ学習を行っていきます。ロイロノートで作成した企画書（情報カード）を使うと，1枚のカードで「情報の収集」「整理」「まとめ・表現」まで全体の見通しをもちながら取り組むことができ，プログラミング的思考にもつながります。この方法は，プレゼンなど他の表現方法や他教科の内容でも応用できるので，ぜひ試してほしいです。

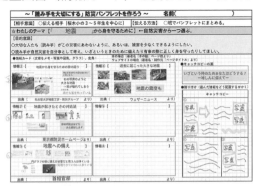

難易度
★★☆

12 立場の異なる人との話し合いで 考えを整理しよう

活動形態：個人　ペア　グループ

熊本市立本荘小学校　西尾　環

主なICT機能：　配信・共有　撮影・記録　可視化　創造　操作・実験

ねらい

　異なる2つの立場に分かれて意見を出し合う学習において，考えを広げたり深めたりすることができるように，シンキングツールを使って自分や相手の意見を分類したり整理したりする力を育む。

1 くらげチャートで自分の立場の意見をまとめる

　「観光客を案内する時，方言がよいか共通語がよいか」というような，身の回りの言葉に関する話題を提供します。子どもはどちらかの立場を選び，その理由を3つほど考えます。ロイロノートのシンキングツールから「くらげチャート」を選び，立場と理由を個人で書き込みます。その際，立場によってカードの色を変えるように指定しておきます。

　書き込んだら，同じ立場の者が3～4人で集まって意見を交換し，必要に応じて付け加え（白カードで），まとめながら自分の考えを広げます。

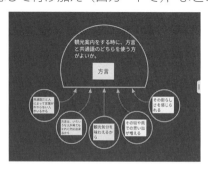
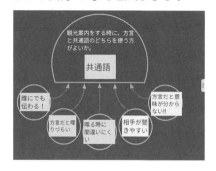

2 バタフライチャートで相手の意見も加え整理する

　立場の異なる者同士でペアを組むか，グループをつくります。実態に応じて，人数に差があってもよいでしょう。子どもは，くらげチャートをバタフライチャートに切り替えます（カードはそのままでツールを切り替えられる機能がロイロノートにはある）。真ん中に自分の立場のカードを置き，右側の羽部分に自分の立場に賛成する意見を寄せます。その際自分が強く主張したい意見を外側に置きます。

　それをもとに相手と意見を出し合います（討論）。その後，互いに相手とカードを送り合い，相手の意見を左羽部分に置いて整理します。その際，相手が強調したことについては外側に置きます。また自分には反対意見であっても説得力があった意見には印をつけておきます。全体像を見渡して，考えを深めます。

3 振り返りから考えをまとめる活動へ

　個人で振り返りを書き，学級全体で共有します。相手の立場の意見のよいところにも着目しながら「次の授業では，自分の意見をさらにまとめて書く」という活動を予告します。子どもたちは，アウトプットすることでこの時間の学びを生かし，さらに質の高い意見をもつことができるでしょう。

振り返り
　意見をぶつけ合わず、質問なども、しながら出来たのでよかったです。自分の意見をしっかりと主張できました。相手の理由を聞いたりして、意見を交わすことができてよかったと思います。

　観光案内する時、私は方言が良いと思います。その理由は三つあります。
　一つ目は、方言の方がその土地らしさが出るからです。例えば熊本だと、～ばいなどと方言っぽいと思います。
　二つ目は、共通語で案内していても自然と方言を使っていると案内中共通語に慣れてなくて自然と方言が出てしまうと思います。
　三つ目は、実際に私が熊本に引っ越してきた時、みんなが方言で話していても共通語に通じていた私にも通じるということで多くの人に伝わるということで伝わらないという事はないと思います。
　ただし、共通語を使うさんが言っているように、実際に私は通じたので伝わらないだから、私はやはり方言が良いと思います。

13 漢文を声に出して読んでみよう

難易度 ★★★

活動形態：個人　ペア　**グループ**

熊本市立白川小学校　**中島　彩子**

主なICT機能：　配信・共有　**撮影・記録**　可視化　**創造**　操作・実験

ねらい

言葉の響きやリズムを味わいながら音読し，画像と音楽によって自分のイメージを人に伝えるという活動を通して，国語に対する興味・関心，そして主体的に学びに向かう力等を育む。

1 漢文を読んで，大体の内容を知る

メタモジを使って，漢文が書かれたノートを配付します。その漢文をそれぞれのタブレット端末に表示して，内容の読み取りと音読の練習をします。

教師は「季節は？」「時刻は？」「天気は？」「どんな声や音が聞こえる？」等と質問します。ノートに回答を書き，それを共有し，みんなで作品の世界観を語り合った後，再び音読の練習をします。難しい漢字の読みなどを確認しながら読めるように，メタモジのノートには範読の声を入れておきます。

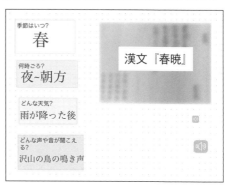

すると，慣れた子どもは本文を隠し，暗唱したものをメタモジの録音機能を使って録音し，何度も自分で聞き直すなど，自分たちで練習を工夫し始める姿も見られます。

2 グループでイメージ動画を作成する

　教師は「作品のイメージを画像やイラスト，音楽で表現し，音読と合わせてみよう」と問いかけます。子どもたちがすぐに考えたのが，Clips，GarageBand，Tayasui Sketches School のアプリの活用です。3人でグループを組み，音楽，画像，映像など担当を決め，制作活動を開始しました。写真や映像を使って動画を作成したり，イメージに合う音楽をつくったり，イラストをかいたりとそれぞれが得意分野を生かして作成することができました。制作過程では，自然と会話が弾みます。「これ，イメージにぴったりじゃない？」「それ，すごいね」等，子ども同士お互いに認め合っている姿が見られます。担当したものが完成したら，Clips でつないでいきます。画像，BGM，音声と編集を重ねながら，イメージ映像付きの音読作品ができました。完成してみると，起承転結になっていること，言葉の響きやリズムのよさなど，気づきが作品に生かされていることが伝わりました。

3 動画を観て感想交流する

　完成した作品を電子黒板に映し，鑑賞会を開きます。自分たちの作品と比べて似ているところ，違うところを出し合うことで，より作品を深く味わうことができたようでした。例えば，「春眠暁を覚えず」を，夜明けの美しい風景ではなく，なかなか起きることができない自分たちの姿と重ね合わせた画像を取り入れたグループの作品を見て「なるほど。こんな表現があったのか」と盛り上がりました。アナウンサーのようにできた，自分の絵が役に立った等，それぞれが自分の強みを生かせたことで，達成感が味わえたようです。教師も「この作品はきっと記憶に残る」と思った実践でした。

難易度
★★☆

14 いろいろなお金の 出し方を考えよう①

活動形態：個人　ペア　グループ　　　　　熊本市立田迎小学校　**小林　愛実**

主なICT機能：　　配信・共有　　撮影・記録　　可視化　　創造　　**操作・体験**

ねらい

いろいろなお金の出し方を考える活動や学んだことを生かしながら取り組む「買い物ごっこ」の活動を通して，算数に対する興味・関心，そして学びに向かう力等を育む。

1 問題場面を把握し，お金の出し方を考える

事前にタブレット端末のアプリ，メタモジでお金の模型を動かせるようにつくったノートを準備します。

お金の種類（50円玉，10円玉，5円玉，1円玉）を知らせたあと，教科書に掲載されている挿絵を電子黒板に映し，ガムの値段28円を確認します。そして，メタモジをタブレット端末で開き，教科書に掲載されて

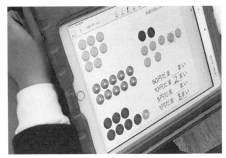

いる10円玉2枚と1円玉8枚の出し方を参考にお金の模型を動かして，操作の仕方を確認します。

2 他の出し方がないかを考え，発表する

「他にはどんな28円の出し方があるかな？」と問いかけます。タブレット

端末でお金の模型を操作しながら，子どもたちは「10円玉2枚と5円玉1枚と1円玉3枚で28円になります」「5円玉5枚と1円玉3枚でもできます」と次々に28円のお金の出し方を考えます。子どもたちに考えを発表させて，教師はそれを板書し，出された考えに子どものネームプレートを貼っていきます。28円のお金の出し方は全部で12通りありますが，事前に出そうな考えを想定してお金の模型を準備しておくと時間もかからず，整理もしやすいです。メタモジならお金の模型を操作しながら，ペン機能を使って5円玉2枚を○で囲んだり，文字を書き込んだりすることもできるので，子どもたちが自分の考えを整理したり，友だちに考えを説明したりすることが簡単にできます。また，メタモジの，子どもたちが操作している様子を教師のタブレット端末でリアルタイムにモニタリングする機能を使い，電子黒板に子どもの考えを映し出したり，個別指導をしたりすることもできます。

3 ペアで買い物ごっこをする

　授業の後半は，学んだことを生かして買い物ごっこをします。今回はドーナツとクッキーの値段を子どもたちに決めさせ，1人がお店やさん，1人がお客さんとなってペアで活動します。

C　ドーナツをください。
C　ドーナツは44円です。
C　（端末を操作して）どうですか。
C　合っています。はいどうぞ。

　紙でつくったドーナツやクッキーのカードを準備して，お金の出し方が合っていたらカードをお店やさんからもらえるようにすると，より楽しんで活動できます。お金を使った経験の少ない1年生の子どもたちです。繰り返し活用し，お金の感覚を豊かすることにつなげてほしいと思います。

15 「もういいかい，まあだだよ」 ゲームをしよう

難易度 ★☆☆

活動形態：個人　ペア　グループ

熊本市立白川小学校　**清水　修**

主なICT機能：　配信・共有　**撮影・記録**　可視化　創造　操作・体験

ねらい

　図形の移動に平行移動・回転移動や裏返しがあることに気づき，ペアでその動きを確認する活動を通して，図形についての理解を深め，図形の変化に着目する力を伸ばす。

1 「もういいかい，まあだだよ」ゲームをする

　正三角形のブロックを4つ並べ，そのうちの1つを移動し，どのように移動したのかを考えるゲームです（本時ではパターンブロックを使用）。

　ブロックを教師が移動させる間，子どもたちは机に伏せます。子どもの「もういいかい？」に教師は「まあだだよ」や「もういいよ」と返します。図形の移動には，平行移動，回転，裏返しがあります。その3つの移動の違いに気づき，名前をつけ理解を深めていきます。

　ゲームの概要を子どもに説明して始めます。「今から動かすよ，音を聞いていてね」と図形を平行移動します。「なんかスーって聞こえた」と子どもの反応。「もういいよ」の声で頭をあげる子どもたち，「わかった！」「こう動いたよ」とスーという音やジェスチャーで説明をしようとします。それを全体で共有し，提示されている図形で動きを確認します。次は図形を回転移動させます。「もういいよ」と言うと先程，ジェスチャーと音の共有をしているので，それで表現しようとします。「音をつけるとグルッだね」などと言いながら移動を確認します。ここで教師は「さっきの動きと今の動きはど

う違うの？」と問います。すると子どもは平行移動は「スー」と，回転移動は「グルッ」とこのような言葉でその違いを説明します。

【図形の移動の例】

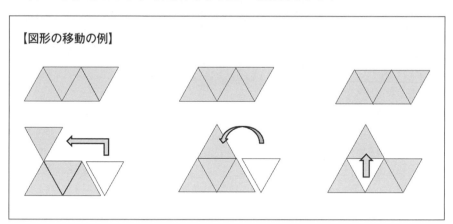

２ 図形を移動させている様子を動画に撮る

　「じゃあ，みんなも実際にこの動きできそう？」と子どもたちに尋ねます。さらに続けて「でも本当にみんなができているか確認したいから動画で撮ってくれない？」と言い，ペアをつくって相手のタブレット端末で図形を移動させている様子を録画させます。そうすることで今までの授業では曖昧になりがちだった図形の移動の確認ができます。また子どもたちは録画しながら説明をしたり，教え合ったりするので，そこに対話がうまれます。動画に撮るという活動は端末が１人１台になったことで容易になりました。評価も動画を撮ることで簡単にできるようになります。これからますます動画が活躍する場面は多くなりそうです。

難易度
★☆☆

16 数をさがして 写真に撮ろう

活動形態：個人　ペア　グループ　　　　　熊本市立白川小学校　**清水　修**

主なICT機能：　**配信・共有**　　**撮影・記録**　可視化　創造　操作・実験

ねらい

数が学校だけで使われているものではないことに気づき，学校の中や家庭で「数探し」をする活動を通して，算数に対する興味・関心，そして物事を探究していく態度を育む。

1 □に入る数字を考える

「□に入る数字は？」と子どもたちに尋ね，「1　2　3　4　□」と板書します。「□に入る数字わかるよ」「簡単だね」と反応が返ってきます。「次は難しいよ」と言い，「2　4　6　8　□」と板書します。その次は「5　10　15　□」など，子どもの実態に合わせて数字を選びます。「なんでそうなるの？」「□の数字のヒント言える？」などのように，やりとりを繰り返しながら進めます。

2 学校にある数字を探す

□に入る数字を考える活動を展開しながら「数字って算数の時だけに使うの？」と切り出します。そうすると子どもたちは，「他にもあるよ！」と興奮して否定してくるでしょう。そこで教師が，「どこにあるの？」と返します。「ほら，あそこ」「時計でしょ」「カレンダーでしょ」と教室の中の数字に子どもたちは目を向け始めます。

「ほんとだね，教室は算数の勉強をするところだからたくさん数字があるんだね」とややとぼけて言うと，「ろうかにもある」「外にもある」と探究の目が広がっていきます。そこで教師は，「じゃあ探しに行こうか？」と投げかけます。「行きたい」と子どもたちの気持ちが高

まるのが大切です。子どもたちにタブレット端末のロイロノートで写真を撮るための注意点等を確認した後，タブレット端末を持たせ，学校内の数さがしに行かせます。

3 見つけた数字を発表する

写真に撮った数字をロイロノートの提出機能を使って集約します。回答共有機能を使って画像を一覧表示し，子どもたちの画像を確認します。それから数人に発表させます。子どもたちの探究心が広がっていくような数字を「こんなに大きな数字があるんだ」や「この点はなんだろうね？」と紹介します。

教師は「やっぱり学校も算数の勉強をするところだから数字があるんだね」とつぶやきます。すると子どもたちは「先生，家にも外にも数字はあるよ」と言い

返してきます。そこで「ほんとに？」と返すと子どもたちは家の数字に思いを巡らせます。「〜がある」と言いますが「証拠がないよ」と返します。すると写真を撮ってくる必要感が生まれます。「タブレット端末を持って帰って撮っておいで」と宿題にします。特に家庭学習は子どもの「探究する意欲」「必要感」をもたせることが大切です。

17 いろいろなお金の出し方を考えよう②

難易度 ★☆☆

活動形態：個人　ペア　グループ　　　　熊本市立白川小学校　大久保　弘子

主なICT機能：　配信・共有　撮影・記録　可視化　創造　操作・体験

ねらい

　買い物の場面でのお金の出し方を考えることを通して，数の合成・分解に慣れ，数の感覚を豊かにするとともに，生活場面で算数が使えることを感じられるような資質を育む。

1 品物やお金の絵を見て，お金の出し方を考える

　まず，お金の絵を電子黒板などで拡大して示し，いろいろな種類のお金があることを知らせます。次に品物とその値段の絵を黒板に掲示して，どんな品物が何円で売られているのかを確認し，「28円のガムを買います。どんなお金の出し方をしますか？」と問います。

　子どもたちは，お金の模型を操作しながら「10円が２枚と１円が８枚です」「10円が２枚と５円が１枚と１円が３枚です」「５円が５枚と１円が３枚です」などの反応を返してきます。教師はこれらの反応を黒板にお金の模型などで掲示します。そこで，「どうしてこれが28円だと言えるの？」と問います。

　「10が２つで20，１が８つで８，20と８で28だから」「５が５つは，５，10，15，20，25で25，25と３で28だから」など，それぞれのお金の数え方を確認することで，数の合成・分解を意識できるようにします。黒板に板書し，次の活動へのヒントとします。

2 いろいろなお金の出し方を考える

　「52円のチョコレートを買います。どんなお金の出し方をしますか？いろ
いろな出し方を考えてロイロノートで写真を撮
りましょう」と投げかけます。

　お金の模型を並べたところをロイロノートの
写真機能を使って撮ります。ロイロノートは，
1つのカードの中に別のカードをいくつも入れ
ることができるので，撮った写真をカードの中
にどんどん入れて並べます。子どもたちは，
次々にいろいろな並べ方を見つけていきます。

しばらくすると，「お金が足りません」と言う子どもが出てきます。もっと
5円玉や1円玉を使いたいということです。そこで，次のように伝えます。

　「お金が足りない時は，カードにお金の絵をかいて並べましょう」

　子どもたちは，さらにいろいろなお金の出し方を考えようと意欲的に活動
します。最後に，撮った写真やお金の絵を並べた1枚のカードをロイロノー
トの提出箱に出させます。

3 お金の出し方を紹介し合う

　ロイロノートは，提出箱に提出した子
どもたちのカードを一覧表示することが
できます。そこで，全員の考えが見える
ように電子黒板で提出箱を表示し，子ど
もたちが見つけたいろいろな52円の出し

方を紹介し合います。「一番枚数が少ない出し方はどれですか？」「自分だっ
たら，お店でどの出し方をしますか？」などと問い，話し合うことで，算数
と生活場面をつなげることができます。

熊本市立山本小学校　米原　秀一

難易度 ★★☆

18 3つの数の問題づくりをしよう

活動形態：個人　ペア　グループ

主なICT機能：　配信・共有　撮影・記録　可視化　創造　操作・実験

ねらい

　3つの数の計算場面について，自分の経験を思い起こしたり，場面を想像したりしながら問題づくりを行うことを通して，3つの数の計算について式とその場面の関係を正しく判断する力を育む。

1 提示された絵から全員で3つの数の問題文をつくる

　教師はメタモジを使って事前に準備しておいた3つの数の計算場面のイラストを電子黒板に提示し，「この絵（ウサギがバスに乗ってくる絵）で問題をつくれるかな」と問います。

　子どもたちは電子黒板のイラストを見ながら，「①は，『バスにウサギが3匹乗っています』がいいです」「②は，『次にウサギが4匹乗ってきました』でいいかな」「③は，『さらに2匹乗ってきました』がいいね」と，次々に発表します。

　教師は，子どもたちの言葉を黒板に書きながら，問題文をつくっていきます。最後に問題文には，問いの文の『バスにウサギは何匹乗っていますか』が必要なことを確認します。

　問いの文を電子黒板に書き込んだら，ここで一旦立ち止まり，3つの数の計算問題をつくる流れを振り返ります。

2 ペアで３つの数の問題文をつくる

「次は，ペアで問題をつくってみよう」と言い，子どもたちにメタモジを開かせます。メタモジは，事前にグループ分けして設定したグループ学習ページを使うと，同じグループの子どもたちが１つのシートに同時に書き込むことができます。

今回は，１人では問題づくりが難しい子どもへの支援として，ペアで作業をさせます。

3 自分たちでつくった３つの数の問題文を解き合う

ペアでつくるのに45分の授業時間内で完成させるのは難しいかもしれません。本実践では，宿題として家で作業してくるようにしました。メタモジではグループ（ペア）のシートがどこまで進んでいるか，子どもたち同士で確認できるため，違う場所にいても同時に作業することができます。

完成したら次の時間，他のグループ（ペア）と解き合います。右図は，１時間の授業と１回の宿題で完成させたものです。正しい問題文になっていない箇所は教師が事前に指摘してもいいですが，友だち同士で確認させることも３つの数の計算を理解させる効果的な活動です。

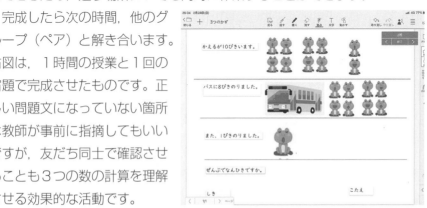

19 大きい数で 上手に買い物をしよう

難易度
★☆☆

活動形態：個人　ペア　グループ　　　　熊本市立山本小学校　米原　秀一

主なICT機能：　**配信・共有**　撮影・記録　可視化　創造　操作・体験

ねらい

　　100円までの商品を購入する場面を設定し，お金の出し方を考える活動を通して，数のまとまりに着目することのよさに気づく力を育む。

1 提示された絵からお金の出し方を考える

　教師は事前に準備しておいたお菓子の印刷物を黒板に提示し，買い物場面であることを伝えます。そして「上手に買い物できるかな」と問いかけます。

　あめの値段を27円と提示したら，お金の出し方を確認します。子どもから「10円玉2枚と，1円玉7枚で買えます」と出たところで，「今の言葉を，絵でかける人はいるかな」と問いかけます。そして別の子どもに「⑩⑩①①①①①①①」と板書させ，ここで一度立ち止まります。確認することは，27を10のまとまりが2つと，1が7つで表せるということです。

　ここまでくると，別の子どもが「他にもあります」と言い出します。子どもから出てこないときは，教師が他の出し方を示唆します。

2 ロイロノートで，お金の出し方を表す

　子どもから「10円玉2枚と，5円玉1枚と，1円玉2枚でもできます」と出たところで「今言ったことを絵でかけるかな」と問いかけます。そして，絵をロイロノートでかかせ，提出箱に提出させます。提出箱の中のカードを

一覧表示できるので，全員が同じように
かけていることが確認できます。

この時，お金の並び方が違うことに着目する子どもがいます。電子黒板上で，10円玉が2枚，5円玉が1枚，2円玉が2枚であれば，並び方が違っても，全て27円になることを確認します。

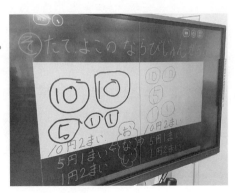

3 他のお菓子の印刷物からお金の出し方を考える

次に，他のお菓子の印刷物を黒板に提示して，お金の出し方を考えさせます。「財布にはいろんな小銭が入っているから，色々な出し方ができるようになるといいね」と言うと，子どもたちは様々なお金の出し方をタブレット端末にかきだします。

本時では38円のチョコレートを提示しました。「絵がかけたら提出箱に出してください」と言い，ロイロノートの提出箱に提出させます。2つ以上の出し方を考えた子どもはシートをつなげて提出することもできます。

出そろったところで電子黒板にまとめて提示します。ロイロノート上で回答を共有すると，子どもたちに自分のタブレット上で友だちの考えを見せることができ，自分の考えと比較させることができます。子どもたちはタブレット端末での比較を通して，38円は「10円玉が3枚，5円玉が1枚，1円玉が3枚」「10円玉が3枚，1円玉が8枚」という，2つの見方を身に付けることができるのです。

難易度
★☆☆

20 かたちづくりを楽しもう

活動形態：個人　ペア　グループ　　　熊本大学教育学部附属小学校　**毎床栄一郎**

主なICT機能：　　配信・共有　　撮影・記録　　可視化　　創造　　操作・体験

ねらい

　色板を並べていろいろな図形をつくる活動を通して，身の回りにあるものの形の特徴を数学的な見方で捉え，図形の構成を理解しようとする態度を育む。

1 色板並べでできた形について気づきを出し合う

　教科書の色板を並べた形を見たり，教師が黒板に色板を並べてつくった形を見たりして気づいたことを出させます。子どもたちから「魚に見える！」などのつぶやきが出たら，教師が「なるほど！魚に見えるの」「他に気づいたことはない？」などと問いかけ，どんどん気づきを出させていきます。

　すると，「ここに三角があります」「四角があります」など数学的な見方での意見も出てくるので，「算数で学習したことを生かしているね」と価値付けていきます。また，同じ四角でも，2枚でできるものや4枚でできるものに気づく子どもたちも出てきます。

2 例示された形を，各自色板を並べてつくる

　まずは，教師が黒板に色板を並べてつくった形を，子どもたち全員につくらせます。その際，教師は子どもの様子を観察し，つまずいている子どもには，「三角形がどこにあるかな」と声かけをしながら支援していきます。形

ができた子どもには，それをロイロノートで写真に撮り，ロイロノートの提出箱に写真カードを送らせて，提出させます。初めてのときは，そのような提出箱への提出の仕方の指導もあわせて行います。例示した形の２〜３種類を同じように提出箱に提出させれば，ロイロノートで撮影し，提出することにも慣れるでしょう。全員の形づくりが終わり，提出することができたのを確認したら，次の活動へ移ります。

③ 提出されたみんなの作品を見て交流する

子どもたちは，自分なりにつくった形をどんどん撮影して提出していきます。子どもたちがいくつか自分なりにつくった形の写真を提出したところで，友だちが提出した写真を見るように促します（ロイロノートの機能で全員が写真を共有できるようにしておきます）。

子どもたちは，友だちの提出した写真に写る自分が考えつかなかった形を見て「すごい！これは，どうやってつくったのかな」と思います。そこで教師が「すごいと思った形をつくってごらん」と投げかけると，子どもたちは試行錯誤しながらつくり始めます。友だちがつくったものと同じ形ができたらその友だちに確認したり，できないときはつくり方を聞きに行ったりする姿が自ずと発生し，子どもたちが主体的に対話しながら学ぶ姿が見られます。この活動の後に，どのようなことに気づいたのかを振り返らせることが大切です。

21 身の回りの かけ算の場面をさがそう

難易度 ★☆☆

活動形態：個人　ペア　グループ

熊本市教育センター　**宮本　博規**

主なICT機能：　配信・共有　**撮影・記録**　可視化　創造　操作・実験

ねらい

　学校や家庭などの身の回りに，かけ算の場面があるかどうかを調べていく「かけ算さがし」の活動を通して，算数に対する興味・関心，そして学びに向かう力等を育む。

1 提示した写真の中からかけ算の場面を探す

　教師は事前に撮っておいた学校内のかけ算の場面を電子黒板に映します。または，教科書に掲載されているかけ算の場面の写真を実物投影機で映し出し，「この写真の中にかけ算が見えるかな？」と問います。

　「だんごが5かける3です」「花びらが4かける3で12枚あります」などの反応が返ってきます。教師はこれらの反応を板書し，ペアで確認させます。そして，子どもとやりとりしながら，このかけ算の場面を黒板に次のように，ことばと式と答えを見やすいように分けて板書します。

　・だんごが5つついたくしが3本あるから，5×3＝15　15こ
　・花びらが4まいついた花が3こあるから，4×3＝12　12まい

　子どもたちはノートに整理します。

2 教室や学校の中からかけ算の場面を探す

　「みんながいつも使っているこの教室にはかけ算の場面があるかな？」と

問いかけます。教室後ろの棚や廊下の窓，天井の蛍光灯など子どもたちは次々に見つけていきます。そこで，「今日はタブレットを使ってかけ算さがしをします。教室や校舎内にあるかけ算の場面の写真をたくさん撮りましょう」のように指示をします。

　制限時間を決め，廊下は走らないなどの生活上のルールも確認した上で，子どもたちはタブレット端末の写真機能を使って活動を始めます。

　すでに見つけていた廊下の窓や雑巾かけ，傘立てなど子どもたちは勢いよくかけ算の場面を写真で撮り続けていきます。廊下にあるファイルに目を付けた子がいました。子どもたちは廊下から眺めた校庭にもかけ算の場面を見つけたようで，次々と写真に撮っていきます。

③ 見つけてきたかけ算の場面を発表する

　授業の後半には，子どもたちが見つけてきたかけ算の場面を発表する時間をとります。廊下にあるファイルにかけ算の場面を見つけた子どもが発表します。1つの棚にある9冊のファイルを〇で囲み，それが4つ分で式にすると9×4＝36，36冊です。

　このかけ算探しの活動はタブレット端末を持ち帰らせ，ぜひ家庭でもやってほしい活動の1つです。

難易度
★★☆

22 すきまなく並べて きれいなもようをつくろう

活動形態：個人　ペア　グループ　　　　熊本市教育委員会　曽木　真由美

主なICT機能：　配信・共有　撮影・記録　可視化　創造　操作・体験

ねらい

　長方形，正方形，直角三角形の図形を敷き詰めて模様をつくる活動を通して，いろいろな図形を見つけたり，想像する楽しさを味わったりするなど豊かな図形感覚を育む。

1 切った色紙を2枚並べて，形をつくる

　前時までに学習した正方形，長方形，直角三角形の図形を2枚ずつ並べて，どんな形ができるか紙でつくったカードを操作させます。

　子どもたちは，操作しながら「正方形が2枚で長方形ができたよ」「長方形では正方形ができたよ」「直角三角形は，大きな三角形も正方形もできたよ」などと反応します。できた形を黒板でつくりながら確認していると，「もっとたくさんの形を並べたい」という子どもが出てきます。そこで，「たくさん並べて模様をつくろう」というめあてを設定します。

2 敷き詰めて模様をつくる

　子どもたちに「どんな模様をつくりたい？」と問うと，ある子どもが「きれいな模様をつくりたい」と答えました。そこで，きれいな模様をつくるために，「隙間なく並べること」を約束にします。

　それから，タブレット端末のメタモジを使って模様づくりをおこないます。

事前に，メタモジのそれぞれのページに正方形，長方形，直角三角形を2色

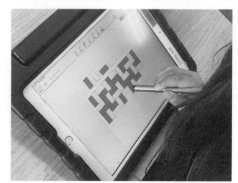

ずつたくさん用意しておき，それを配付して模様づくりをスタートします。長方形や直角三角形は向きを変えたものを用意しておくことで，模様づくりの幅を広げられるようにします。

　子どもたちは夢中になって，試行錯誤しながら模様づくりを楽しみます。

③ つくった模様を共有し，友だちのよいところを真似る

　模様ができ始めたところで手を止めさせ，子どもたちの作成の過程をメタモジのモニタリング機能を使って電子黒板に表示し，共有する時間をとります。友だちの模様を見ながら，子どもたちから「○○さんの模様がきれい」などのつぶやきが聞こえます。きれい

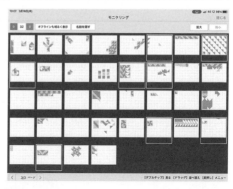

と言われた子どもの模様をアップで表示してさらに共有し，よいところはどんどん真似していくようにします。個人での活動が中心でしたが，途中で数回このように共有する時間をとり，自分の模様を見てもらったり，友だちの模様のよいところを見つけたりします。紙の操作ではぴったり敷き詰めることが難しいですが，タブレット端末を使うときれいにできるので，子どもたちもとても満足できる活動になります。

23 下級生に向けて「分数」を説明する動画をつくろう

難易度 ★★☆

活動形態：個人　ペア　グループ　　　　熊本市立龍田小学校　山下　若菜

主なICT機能：　配信・共有　**撮影・記録**　可視化　創造　操作・実験

ねらい

　下級生に「分数」を説明する動画をつくり，どのようにすればわかりやすい動画になるのか考えつつ，分数の概念を友だちと協働しながら考え直す活動を通して，知識の定着を図り学びに向かう力を育む。

1 動画のテーマを決めて役割を選ぶ

　はじめに，「分数でどのようなことを習ったかな？」と尋ね，どのようなテーマの動画ができそうかをみんなで考えます。きっと，「帯分数」「仮分数」「分数のたし算」「分数のひき算」「帯分数から仮分数にする方法」など，分数の学習で学んだことがどんどん出てくるでしょう。

　動画をつくる時は，子どもによっては動画に映ったり演技をしたりすることが苦手なこともあります。そこで，安心して動画づくりの学習ができるよう，「演技」「カメラマン」「フリップ係」と，自分が一番力を発揮できる役割を選ばせます。

　テーマと役割の希望を聞きながらグルーピングすると，より動画づくりへの意欲が高まります。

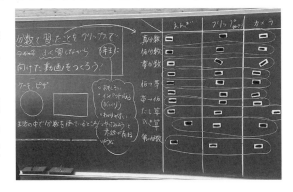

2 動画計画を立てて材料を集める

　教室の中や算数教材室で，自分たちの動画づくりに使えそうな材料を探します。「リンゴの模型があるから使ってみたらいいかもしれない」「分数は，『1』をいくつに分けた何個分かだから，色水を使ってジュースを分けるような劇にしよう」など，アイデアを出し合いながら，意見交換が進みます。

3 動画を撮影し，鑑賞会で感想交流を行う

　「〇時までに戻ってきてね」と教師は伝え，グループで話し合いながら動画を撮影させます。時間がきたら，できあがったところまででもいいので，鑑賞会をして感想の共有をします。「色水のジュースを使って劇のようにすると，3年生も楽しくわかりやすい動画になると思いました」などの感想が出てきました。

【ポイントとなる手立て】

○授業の前に予告しておく！

　前時の終わりなどに動画づくりを予告し，どんな動画にするかをみんなで考える時間をとると，動画撮影の時間がしっかり確保できます。

○子どもに任せて，動画の完成度にこだわりすぎない！

　目的は，動画作成を通して知識の定着を図ることなので，動画をつくる過程での対話や他のグループの作品を見て対話することが重要です。

24 オリジナル展開図と思考が残るノートをつくろう

難易度
★★☆

活動形態：個人　ペア　グループ　　　　　熊本市立画図小学校　福田　早紀

主なICT機能：　配信・共有　撮影・記録　可視化　創造　操作・体験

ねらい

　オリジナル展開図をかいて共有することで角柱には様々な展開図があることを学び，空間についての感覚を豊かにするとともに，自分や友だちの思考が残るノートの作成を通して学びに向かう力を育む。

1 オリジナル展開図をかく

　教科書に載っているオーソドックスな展開図のかき方を学んだ子どもたちに「じゃあ，三角柱の展開図はこれだけなのかな？」と問います。

　「他にもあるかもしれない」と探し始める子どもが出てくれば「どんなのがあるか探してみよう」と伝えます。子どもたちには「工作用紙に様々な展開図をかき，完成したらロイロノートで写真に残してください」と告げます。

　作成の途中で「本当に角柱になるのかな？」と不安を口にする子どもがいたら，その言葉を学級に広げます。「どうしたら確認できるかな？」と問うと，「切って組み立てたらいいかも…」と言い出す子どもが出てきます。その時には作成に取りかからせます。展開図を組み立てる時には，同時に子ども同士で手元の様子を撮影し合うようにもします。

2 グループ分けをする

　動画をロイロノートの提出箱に提出し，電子黒板に映します。すると，

「○○くんと○○さんのは同じ展開図だ」とつぶやく子どもがいます。学級内では自然と同じ展開図をかいている友だち同士のグループ分けが始まります。

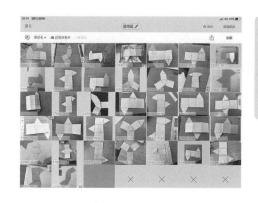

　「じゃあ，○○くんと○○さんの展開図は本当に三角柱になるのか見てみよう」と伝え，動画をみんなで見ます。

　その際，「ここの辺とここの辺がくっつくから，こうなって…」と三角柱の構成要素について説明をしている子どもの動画を取り上げるようにします。

③ 思考が残るノートを作成する

　ロイロノートにある作成した展開図の写真や組み立てる工程の動画を Pages 等のノートやメモアプリに貼り付け，ノートを作成します。こうすることで，展開図が三角柱になる過程が残るとともに，自分が説明しながら組み立てた際の思考を残すこ

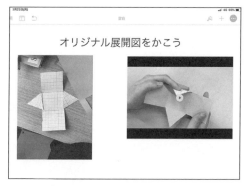

とができます。また，友だちの説明している動画を参考に，学びを広げます。

　さらにノートに写真や動画を残すことで，学んだ内容を１つにまとめることができます。何度も動画を再生することで，見たい時に何回でも振り返りができます。

難易度
★★★

25 運動場にかいた巨大地上絵のことを全校に知らせよう

活動形態：個人　ペア　グループ

熊本市立楠小学校　山下　ゆかり

主なICT機能：　配信・共有　撮影・記録　可視化　創造　操作・体験

ねらい

　算数の学習で運動場にかいた巨大地上絵（ナスカの地上絵）のことを伝える全校ニュースを下級生にもわかるように作成する活動を通して，単元の学習内容を振り返り，ニュースを編集することで表現力を育む。

1 学習した拡大図のかき方をもとに地上絵をかく

　単元のはじめに，ここで学習する「拡大図のかき方」をもとに，単元の最後には運動場に巨大地上絵をかくことを伝え，これからの学習への意欲を高めます。

　教科書での学習を終えたあと，実際にかく絵を提示します。基準点から各頂点までの長さの求め方

とともにかき方を確認し，運動場に拡大図をかき始めます。

　その際，班ごとに担当する場所を指定し，班の中でリーダーと撮影係を決めます。撮影係には，制作過程がわかるような記録映像を撮ることを伝え，アップやルーズの写真，動画撮影など，伝えるための素材集めに取り組ませます。

2 ニュース動画をつくる

　屋上から撮影した巨大地上絵をかくタイムラプス動画を子どもたちに見せ，活動を振り返ります。「突然，運動場に大きな絵がかいてあって，他の学年のみんなはびっくりしたんじゃない？　みんなに知らせるいい方法はないかな？」と投げかけます。子どもたちから「楠ニュースだ！」の声があがり，「ニュース動画をつくる」という学習のめあてが設定されたのです。

> 【ニュース動画作成の手順】
> ①巨大地上絵制作時の写真や動画を１つの Keynote にまとめる
> ②子どもたちにニュース素材となる Keynote を AirDrop で配付する
> ③素材を取捨選択し，テキストやアニメーションを入れる

　はじめは個人で取り組みますが，自然にペアやグループが生まれます。iMovie を使って音楽を入れたり，オープニング動画を撮影したりする子どもが出てきます。他学年にとって難しい６年生の算数をどう簡単に楽しく伝えるか，学習したことを生かしながら，誰にでもわかる動画になるよう表現の工夫をしていました。

3 ニュース動画を全校放送する

　ニュース動画は，昼の放送で全校に流します。自分たちでつくった動画がニュースとして全校に流れることにワクワクしていました。動画を見た他の学年からは，「やってみたい」「算数の授業だったんだ」という声が聞こえてきました。算数の枠を超えて，学びを表現することの楽しさを味わうことのできる学習となりました。

難易度
★★☆

26 2回走る人を選ぶ基準を考えよう

活動形態：個人　ペア　グループ　　　　　熊本市立清水小学校　山口　翔乃介

主なICT機能：　配信・共有　撮影・記録　可視化　創造　操作・実験

ねらい

リレーで2回走る人の選び方を考える活動を通して，ドットプロットをもとに妥当な結論を考え検討できる力を育む。

1 2回走る人を選ぶ条件を考える

　まず右のような問題を提示し，1組で2回走る人の人数を考えさせます。多くの子どもが「3人」と答えます。

　そこで3人選ぶ時の基準について考えます。「1組のどんな3人を選びますか」と問うと「速い人3人です」と

> 運動会で「クラス対抗リレー」があります。そこで，クラスの人数を合わせないといけません。リレーで2回走る人を選ぶ時，どんな人を選べばいいでしょうか。
>
> | | 1組 | 2組 |
> |---|---|---|
> | 人数 | 23人 | 26人 |

いう反応が出てきます。しかし，2組の立場になって考えた子どもたちは反対するでしょう。そこで「2組としてはどんな人に走ってもらいたい？」と問います。子どもたちは「遅い3人かな？」など2組にとって有利な3人を選ぶでしょう。ここで「どんな3人を選べばいいですか？」と改めて問い，1組も2組も納得する3人を選ぶことを確認します。

2 1組も2組も納得する3人を選ぶ

　教師は「どんな3人なら納得すると思いますか」と問います。すると「平

均の３人です」という意見が出てきます。

　ここで，子どもたちには全員の50m走のタイムが必要になるので，全員分のタイム表を電子黒板に提示します。子どもたちのタブレット端末にメタモジを使ってタイム表を配付します。しかし，平均を求めたとしても「その選ばれた３人は走りたいのかな？」「普段決める時に平均を求めない」「計算するのが大変」など「平均の３人」の選び方に納得しない子どもたちが出てきます。「平均よりももう少し速い人ならいいかもしれない」と考え，順番に並べて調べたくなる気持ちをもたせます。

　そこで，配付したドットプロットの授業ノートの左上の「＋」ボタンから「ページを追加」を選択し，「他のノートを複製して追加」から用意していたドットプロットのノートを選択し追加します。追加されたページを使ってどの３人が納得するかを検討させます。必要に応じて，度数分布表やヒストグラムも追加するとよいでしょう。

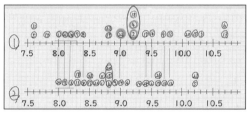

プリントではなく，メタモジを使うことでペンの色を変えながら印を付けて検討できます。さらに書き間違っても修正等が必要なく書き直せます。最初はどの３人を選んだかだけを発表させます。それらに納得したかどうかを，メタモジで青枠や赤枠をつけて表現させます。メタモジでは青枠は○ボタンで，赤枠は？ボタンをタップすることでモニタリング画面に表示されます。そのモニタリング機能を使って教師のタブレット端末で見ることができます。そのあと，その３人を選んだ理由を説明させクラスで議論し，納得いく３人を選んでいきま

す。議論していく中で，このモニタリング機能を使えば，納得した子どもたちの割合の変化が一目でわかります。今回のデータの場合，１組の「１・21・10」の３人が納得いく３人になるのではないでしょうか。

難易度
★☆☆

27 きまりを見つけて表を完成させよう

活動形態：個人　ペア　グループ　　　熊本市立北部東小学校　渡辺　猛

主なICT機能：　配信・共有　撮影・記録　可視化　創造　操作・体験

ねらい

　バラバラになった表の中から規則性を見出し，友だちと話し合うことを通して，「伴って変わる2つの数量の関係」に気づき，いろいろな事象の表を完成させる力を育む。

1 バラバラにした表を完成させる

　教科書に載っている4つの表の数字の部分だけを取り出し，右下の写真のようにバラバラにします。それを封筒に入れ，2人に1セットずつ配ります。そして「バラバラの表が入っています。並べてみてください」とだけ指示します。その際，あまりヒントを与えずに，示された情報だけを頼りに完成させるようにします。もちろん子どもの実態に応じてヒントを出しますが，できるだけ子どもに任せるようにします。

　子どもたちはバラバラの表を見ながら，ペアで考え始めます。「上の段は1〜6まであるから，4つの表ができそうだ」「小数が入ってい

時　　　間 (分)	1	2	3	4	5	6
水の深さ (cm)	2	4	6	8	10	12

時　　　間 (分)	1	2	3	4	5	6
全体の重さ (kg)	1.5	2.5	3.5	4.5	5.5	6.5

時　　　間 (分)	1	2	3	4	5	6
横の長さ (cm)	12	6	4	3	2.4	2

時　　　間 (分)	1	2	3	4	5	6
ろうそくの長さ (cm)	4.7	4.4	4.1	3.8	3.5	3.2

る表もあるよ」「下の段の数が右にいくにつれて増えていると思ったら，減っているのがある！」などと話しながら子どもたちなりに表を完成させます。

2 表を写真に撮り，発見した規則を書き込む

　ここからは，ロイロノートを使って授業を進めていきます。

　表が完成したら，ロイロノートの写真カードを使って，それぞれ4つの表の写真を撮ります。そして，撮った写真カードの上に自分が見つけた規則を書き込みます。

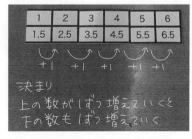

　全員が書き込んだら，タブレット端末をグループで持ちより，表に書き込んだきまりを見せながら自分の考えを友だちに説明します。「表の上の段は全部1，2，3，4，5，6の順に並んでるよね」「この表の下の段は小数だけど，1ずつ増えているよ」「この表はかけ算で考えることもできるね」などと，自分の発見を発表し合います。

3 伴って変わる数量は何の数量なのかを考える

　完成させた表が，バラバラにする前の教科書の表と同じであることを全員で確認します。そして，右の写真の左端の部分のカード（枠内の4枚）を配り「これらのカードは自分がつくった表のうちどれに当てはまるか考えましょう」と指示します。子ど

時　間（分）	1	2	3	4	5	6
水の深さ(cm)	2	4	6	8	10	12

時　間（分）	1	2	3	4	5	6
ろうそくの長さ(cm)	4.7	4.4	4.1	3.8	3.5	3.2

水の量（L）	1	2	3	4	5	6
全体の重さ(kg)	1.5	2.5	3.5	4.5	5.5	6.5

縦の長さ(cm)	1	2	3	4	5	6
横の長さ(cm)	12	6	4	3	2.4	2

もたちは2つの数量の変化の仕方を手がかりに表を完成させます。

　表が完成したら再びロイロノートの写真カードを使って写真に撮り，提出箱に提出させます。そして，提出された表の写真を電子黒板に映し出し，そのように考えた理由を説明させます。

　教師はほとんど説明することはありません。子どもたちが自ら考え，2つの数量の変化の仕方について自ら学び取っていく授業になります。

　　　　※この実践は熊本市の黒川孝明先生の実践を参考にしています。

算数

難易度
★★☆

28 「今」と「昔」を タイムマシンで見てみよう

活動形態：個人　ペア　グループ　　　　熊本市立春竹小学校　松田　春喜

主なICT機能：　[配信・共有]　撮影・記録　可視化　創造　操作・体験

ねらい

　自分の住む町の様子の変化を，自分の家を中心とした写真で見ていく活動を通して，地域の移り変わりに対する興味・関心を高め，発見・疑問から課題を追究する力等を育む。

1 過去をさかのぼり校区の変化を確かめる

　自分の校区の変化について，保護者に聞き取りをさせたり，地域の方を招いてお話を聞いたりして，大まかな情報を学ばせます。その中で，「一番の繁華街が，昔は田んぼだった」という話に，子どもたちはとても驚きます。このように子どもたちが驚くような情報を見つけ出させると，その後の展開が盛り上がるものになります。

　子どもたちに「〜〜のあたりは昔，田んぼだったって驚いたね！」と言って，現在の写真を見せます。「タイムマシンで見てみようか」と言うと子どもたちの目は画面に一気に集まります。「では1960年に行ってみよう！」とタップすると「田んぼばかり」の昔の写真が表示され，「わーー！」と教室は大歓声に包まれます。このような驚きから，今と昔を比較する学習に入ります。この活動には，Google マップ上に過去の航空写真を表示する MULTISOUP というサイトを使います。

　https://maps.multisoup.co.jp/exsample/tilemap/chiriin_history.html

2 1枚の写真から「今」と「昔」を比べてみる

　驚きの導入の後に,「学校のプールの場所もちがったと○○さんが話していたね。見てみる?」と聞くと,子どもたちは「うんうん!」とうなずきます。「では,写真を送りますよ」と子どもたちのタブレット端末のロイロノートに,教師があらかじめ作っておいた【図1】のシートを送ります。子ど

もたちは写真を比べながら「本当だ!プールの場所がちがう!」と大興奮です。必ず「他の違い」について話し出す子どもがいるので,「他にわかったことや気づいたことを記入しましょう」と指示し,書かれた子どもたちの様々な発見を教師はほめていきます。

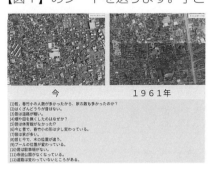

【図1】

3 自分の家の周りの「今」と「昔」を比べる

　いよいよ自分の家を中心とした「個別」の学びに向かいます。まず,タブレット端末の Web ブラウザで MULTISOUP の地図を表示させ,自分の家を見つけさせます。見つけたらスクリーンショット機能を使って写真を保存します。次に「○○○○年」と見たい地図の年号をタップして選択させ,表示された画像を,同様にスクリーンショット機能で保存します。【図1】の要領で2枚の写真を貼らせ,発見を記録させます。

　自分のタブレット端末を見せながら友だちと交流させ,共通点や相違点を出させます。すると「田や畑が家になっている場所がある」という共通点が出てきます。それを受け「逆に,家があったのが田や畑になっている場所は熊本市にあるのかな?」と課題を設定し,子どもたちと考えました。「人口」や「産業」に目をむけて予想する子どもがいたので,必要な情報を子どものタブレット端末へ送り,子どもの探究活動をサポートしていきます。

社

会

難易度
★☆☆
29　写真からメッセージを
読み取ろう

活動形態：個人　ペア　グループ　　　　熊本市立白川小学校　**中島　彩子**

主なICT機能：　配信・共有　撮影・記録　可視化　創造　操作・実験

ねらい

　単元の導入で，１枚の写真を見て気づいたことや考えたことを発表する活動を通して，社会に対する興味・関心，そして主体的に学びに向かう力等を育む。

1　写真を見て気づいたことを出し合う

　これまでの社会科の授業を想起させ，単元の最初の授業は１枚の写真から気づきを出し合い，その気づきを分類し，単元全体の課題や学習計画を立ててきたことを確認します。

　１枚の写真を見て気づいたことを，ロイロノートのシンキングツール「くらげチャート」に書き込んでいきます。次にくらげチャートを見せ合いながら，ペアで話し合い，気づきが出なくなるまで発表します。教師は子どもたちの回答をロイロノートのシンキングツ

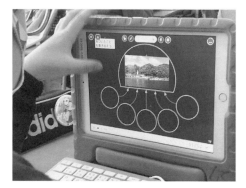

ール「Xチャート」を使って，項目ごとに書き込んでいきます。

2 気づきの中から，特に気になることをまとめる

子どもたちの気づきを項目ごとに分類した「Xチャート」のカードを全員のタブレット端末に送ります。子どもたちは，それを受け取り，今度はシンキングツール「情報分析チャート」を使って自分の課題を設定していきます。画面の隅に，「Xチャート」を小さくして置きながら，自分が特に気になったことを探し出しながら，「調べてみたいこと」を導き出していきます。

3 単元を通して解決したい課題について全員発表する

「調べてみたいこと」がまとまったら，ロイロノートの提出箱に「情報分析チャート」のカードを提出します。「回答共有する」にして，全員のカードが提出されるまでは友だちのカードを見ます。友だちがどんなふうに考えて，何を調べてみたいと思ったかは，とても興味があるようで，みんな真剣に一つひとつ丁寧に見ていきます。

全員が提出したところで，自分が立てた単元を通して解決したい課題について全員発表します。カードを見ながら発表できるので，自信をもって発表する姿が見られます。

最後に，「写真から読み取ったメッセージを入れて，今日の授業の振り返りを書こう」と書かれた振り返りカードを送ります。自分の課題と友だちの課題を比べながら，この時間で気づいたことや考えたことを振り返りカードに記入して提出します。

難易度
★☆☆
30 沖縄の地域の特色を調べよう

活動形態：個人　ペア　グループ　　　　熊本市教育委員会　山田　光太郎

主なICT機能：　　配信・共有　　撮影・記録　　可視化　　創造　　操作・体験

ねらい

　サトウキビカレンダーの資料からわかることを読み取り，友だちと共有する活動を通して，社会的な見方や考え方を働かせながら沖縄の産業の特色を捉えることができる。

1 資料からわかることを書き出す

　沖縄で栽培されているサトウキビの写真とサトウキビを収穫している場面を電子黒板に提示し，気づきを出し合わせます。そして，サトウキビづくりカレンダーを写真に撮ったものをロイロノートで子どもたちに送ります。「植え付け」や「かり取り」などの用語やグラフの見方を確認し，下記の視点で読み取れることをロイロノートのカードに直接書き込ませていきます。

・どうして夏植えと春植えに分けて栽培しているのか
・「植え付け」や「かり取り」の時期からわかることは何か
・沖縄の地域の特色をどう生かした産業が行われているか

2 資料から読み取ったことをみんなで共有する

　教師は机間指導をしながら，子どもたちの考えを補足したりすると同時に，

資料からどんなことに気づき，どんな考えをもっているのかを把握しておきます。

そして，考えを電子黒板に映し出し，考えを全体で共有していきます。

T サトウキビカレンダーを見て，沖縄の人たちが地域の特色をどのように生かしているのかを考えよう！

C 植え付けと，かり取りが台風に関係しているのかな？

C この時期は台風が6月7月に多いから…　台風が来て，大きくなったら飛ばされるから，台風が来る前に植えて（次の年の）台風が来る前にかり取っている。

③ 本時の学習を振り返る

　電子黒板を用い，子どもたちの気づきや考えを出し合った後，本時を振り返り，サトウキビの栽培に台風の時期が関係していることをまとめていきます。今回は資料を取り込んで気づきを書き出すシンプルな活動でしたが，タブレット端末を活用することで，これまで一部の子どもたちの発言で進んでいた授業が，子どもたち全員の考えを大切にした授業へと変わっていきます。本時で働かせた社会的な見方・考え方は，「高地の自然を生かした産業」の単元でも生かすことができます。

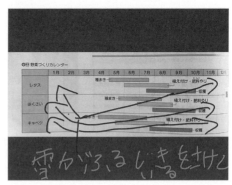

難易度
★☆☆

31 学校から動かずに 社会科見学に行こう

活動形態：個人　ペア　グループ　　　　熊本市立帯山小学校　清水　佳代

主なICT機能：　配信・共有　　撮影・記録　　可視化　　創造　　操作・体験

ねらい

　歴史の学習に出てくる様々な遺跡や土地を Google Earth で調べる活動を通して，その土地の位置や特徴などの理解を深め，歴史的事象への関心を高める。

1 Google Earth を使って行きたい場所に行く

　歴史の学習では様々な遺跡や地名が出てきます。「どこにあるのだろう？」「どんなところなんだろう？」という声が子どもたちから上がることでしょう。そんなとき，タブレット端末の地図アプリ「Google Earth」を使えば，いつでも簡単にその場所へひとっ飛び。行きたい地名を入力すれば，自動的にグーンとその場所までカメラが移動し，まるでその場所の上空を飛行しているかのように360度見ることができます。始めるとき，スタート地点を今いる自分たちの学校にしておくと，高速飛行で旅行しているようで面白く，子どもたちから歓声が上がります。

2 ストリートビューでリアルな体験をする

　Google Earth のストリートビュー機能を使うと，本当に間近で見ているような，その場にいるような体験ができます。大仏のつくり方に疑問をもった子どもは，自分から調べはじめ，大仏をつくった後に建物をつくったと知

って，「なるほど！」と納得する姿もありました。

　また，教科書では見えなかったことに気づく子どもも出てきます。

　地点と地点を移動させてみれば，歴史事象もより詳しく見えてきます。

C　東大寺の大仏は，建物の中にあるんだ！こんな大きな大仏をどうやって
　　建物の中に入れたんだろう。

C　大仙古墳の周りにもいろんな
　　大きさの古墳がたくさんある
　　よ。この辺りは世界遺産にな
　　ったもんね。

C　鎌倉幕府は朝廷から遠くにつ
　　くったって本当だね（Google
　　Earth でその区間を移動して
　　見せて）。朝廷の勢力が及ばないように。

3 主体的な姿を大切に評価する

　疑似旅行の面白さを感じた子どもたちは，次々にいろんな場所を調べたが
ります。授業中に新しい地名が出てくれば，勝手にタブレット端末を取り出
して調べ始めようとします。そんな時にはその前向きな姿勢を大いに褒めま
しょう。教師が「指示があるまで使いません！」とストップをかけるのは，
子どもの主体性の芽を摘んでしまうようで勿体ないです。

　授業の中での規律ももちろん大事ですが，教師は子どもたちが自分から学
ぼうとしている態度を大切にし，「今，何を調べようとしていたの？」「自分
から学ぼうとしていていいね」と子どもたちの学ぶ意欲に寄り添っていきた
いものです。家庭学習で取り組んでくる子どもたちもいるでしょう。その頑
張りも大いに評価したいところです。

難易度
★☆☆

32 江戸時代の町と比較して 明治時代の学習課題をつくろう

活動形態：個人　ペア　グループ　　　熊本市立本荘小学校　**西尾　環**

主なICT機能：　| 配信・共有 |　撮影・記録　| 可視化 |　創造　操作・体験

ねらい

　横浜市の江戸時代と明治時代の町の様子を比べて，ベン図に共通点や相違点を表し，「明治の新しい国づくり」の単元における追究課題を発見する力を育む。

1 横浜市の江戸時代と明治時代の絵を比べてみる

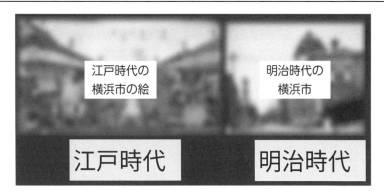

　教師は教科書や資料集から，同じ都市の江戸時代末期と明治時代初頭の絵や写真（30年ほどの違い）を資料として，電子黒板に提示します。「同じ街の絵ですがどっちが古いでしょう」と問います。子どもは「左の方だよ，なぜなら…」と絵をよく見て理由も話すでしょう。そこで左が江戸時代の終わり，右が明治時代の初めの頃の絵（写真）であることを伝えます。そして，2つの資料の共通点や相違点を探すように伝えます。

2 ロイロノートのベン図に共通点と相違点を記入する

　子どもは，ロイロノートを開きま
す。教師が２つの絵を比較して記入
できるようなベン図（シンキングツ
ール）のカードを全員に配付します。
子どもはそのベン図（シンキングツ
ール）の真ん中に共通点，左右にそ
れぞれの特徴をテキストカードで記

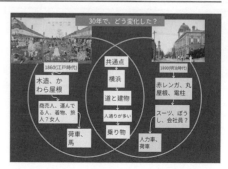

入します。教師は，提出箱をつくって全員の子どものカードを集めます。そ
して，「回答共有する」という形で全員が互いの気づきを見られるようにし
ます。この時，数人を指名して共通点や相違点の特徴を全体で把握しておく
こともよいでしょう。

3 単元を通した課題を個人ごとに考え，提出する

　ベン図を見て，「疑問に思
うこと」「学習課題にしたい
こと」はないか子どもに問い
ます。子どもは近くの友だち
と意見交換をします。そして
教科書や資料で，これから学
ぶ明治時代について大まかに
流し読みをします。最後に一

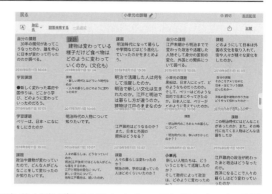

人ひとりが「明治時代の学習で自分が学びたいこと」を，ロイロノートのテ
キストカードに書いて提出します。教師はこれを読んで，次回からの授業に
役立てることができるでしょう。

難易度
★★☆

33 一往復の時間が変化する 原因を調べよう

活動形態：個人　ペア　グループ

熊本県錦町立錦中学校　境目　貴秀

主なICT機能：　配信・共有　撮影・記録　可視化　創造　操作・体験

ねらい

　振り子の一往復の時間を変化させる条件を調べるために実験・記録し，共有する活動を通して，たくさんの実験結果から，よりよい結論を見出す力を育む。

1 実験方法を考える

　発泡スチロール製・金属製・木製の様々な大きさ，重さの球とたこ糸を用意します。子どもたちに球の種類，糸の長さを選択させて，振り子をつくらせます。

　教師は様々な速さの曲を準備しておき，「曲のリズムに合わせて，振り子を動かしてみましょう」と話します。子どもたちからは「全然合いません」「少しズレます」などの反応が返ってきます。それぞれつくった振り子のうち，糸の長さや球の種類（大きさや重さ）が一往復する時間に関係しているのではと気づきます。そこで，一往復する時間と，おもりの重さ・振り子の長さ・振れ幅との関係を調べる実験を，グループごとに値を設定させ，条件を制御しながら実験する計画を立てさせます。

2 実験したことをタブレット端末で記録する

　下記の手順で実験の記録を行います。

①実験を記録するのに，タブレット端末に入っている写真，時計，メモ，計算機アプリを使う

②つくった実験装置をカメラアプリで写真を撮って記録する。次に，十往復の時間を計るために，時計アプリのストップウォッチ機能を使用する。それを３回繰り返して，メモアプリで記録する。そして，計算機アプリを使用し，一往復の時間の平均を求める

③実験によっては動画を撮影し，何度も繰り返し見ることができるようにし，それらをメモアプリにまとめて整理する

3 各グループの結果から考察を考える

メモアプリで実験のデータや画像等を全体に共有し，自分のグループ以外のデータからも考察を考えます。「みんなと同じように，振り子の長さが関係しているみたいだ」など全体の結果から言えることを導き出したり，「Ａ班と同じような実験をしたのに，どうして一往復の時間が違うのかな」と自分たちの実験方法を見直したりすることができます。

また，あるグループは動画を撮影して整理していることで，他のグループの実験に興味を示し，その動画を見たり，工夫した点などを質問したりしていました。さらに，この実験の発展として，振り子の重さが変わると，ものがぶつかる時の衝撃に変化があるのではと考えたグループは，粘土のへこみ具合を見る追加実験をしました。実験結果は，端末を活用して表や動画・写真でわかりやすくまとめていました。

おもりの種類	木	鉄
ふりこの長さ	30cm	30cm
ふれはば	90°	90°
結果	あたってもへこまなかった。(ねんど)	へこんだ。(ねんどが)

難易度 ★★☆
34 表計算ソフトを使って結果をすばやく共有しよう

活動形態：個人　ペア　グループ　　　　　熊本市立北部東小学校　**大笹　将寛**

主なICT機能：　配信・共有　　撮影・記録　　可視化　　創造　　操作・体験

ねらい

　表計算アプリを活用し，結果をまとめる時間を短縮する。また，グラフ化することで視覚的に実験結果を提示し，ロイロノートでその結果を共有させることで，結果を比較したり考察したりする力を育む。

1 実験結果記入用のスプレッドシートを作成する

　Numbers アプリ（Apple）を開き，結果を入力するシートを作成しましょう。

　データを入力する枠をつくり，平均値を表示するセルには，あらかじめ平均値の関数を設定しておきます。関数を設定するには，セルをタップし，表示されたメニューから「セルアクション」をタップ。表示されたウインドウから関数を設定することができます。入力されたデータからグラフを作成するには，右上の＋ボタンをタップし，グラフタブからグラフの種類を選ぶことで挿入することができます。

　平均の意味について，5年算数「平均とその利用」を事前に学習しておくとよいでしょう。

2 スプレッドシートを子どもたちに配付する

　作成したスプレッドシートは，Numbers の画面右上の「…」から，「共有」を選択することで，子どもに配付することができます。簡単に配付したいなら AirDrop がお勧めです。ロイロノートの資料箱に保存するには，ロイロノートのアイコンをタップします。ロイロノートの資料箱に配付したスプレッドシートを子どもたちが使う時は，資料箱のスプレッドシートをタップして表示させ，共有ボタンから，「他のアプリを使う」で，Numbers を選ばせてください。そうすることで，子どもたちのタブレット端末で，配付されたスプレッドシートを Numbers で開くことができます。

3 Numbers のシートに実験の結果を入力し，共有する

　配付した Numbers のシートに子どもが実験の結果を入力したら，画面右上の「…」から，「書き出し」を選択し，「PDF」を選ばせます。次に「ロイロノート」を選ばせることで，結果のシートを PDF としてロイロノートに読み込み，表示させることができます。ロイロノートの提出箱にシートを提出させ，教師が「回答共有」機能を使うことで，提出されたカードを子どもたちがすべて見ることができるようになり，他のグループの実験結果を確認できます。

　実験が早く終わった子どもには，他の班の結果と比べるように指示をしておくと，他の班の結果を比較した子どもは，自然と考察の活動をはじめることができます。結果をまとめたり，黒板に貼りにきたりする時間を短縮できるので，時間をかけて考察を行うことができます。

難易度
★☆☆

35 9種類の水溶液の 判別方法を話し合おう

活動形態：個人　ペア　グループ　　　　熊本市立北部東小学校　**川﨑　慶一郎**

主なICT機能：　配信・共有　　撮影・記録　　可視化　　創造　　操作・実験

ねらい

　「安全・安価・簡単」のキーワードのもと，これまでの既習内容を生かして9種類の水溶液を判別する活動を通じ対話的で深い学びを実現し，科学的，論理的に思考する力を育む。

1 順序を大切にした実験方法を個人で考える

　教師は，一気に判別することが難しい9種類の液体（1つは水，8つは水溶液）を子どもに提示し，それを判別する方法を時間を与えてノートで考えさせます。その際，既習事項を思い出させたり，実験順序を大事にする視点を与えたり，「安全・安価・簡単」のキーワードに着目させたりする支援が必要になります。

2 3つの性質ごとに判別方法をロイロノートに書く

　判別方法のアイデアを班内で話し合わせる際，音声のみの交流となり相互理解の質が落ちます。そこで，班内の子どものアイデアをタブレット端末で，すべて可視化し比較検討しやすくするためにロイロノートを使います。

　例えば，アルカリ性の3本の判別の場合，ほとんどの子どもは，「安全」

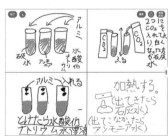

というキーワードと「水酸化ナトリウム水溶液はアルミニウムを溶かす」という既習事実から，３本の試験管にアルミニウムを入れることを考えます。それをロイロノートの１枚目のテキストカードに絵とキーワードで書いた後，２枚目のテキストカードでは，残ったアンモニア水と石灰水を判別する方法を書かせます。

　その方法は２種類に分かれます。１つは，二酸化炭素を入れ白濁したものが石灰水だと判別する方法，もう１つは，２本の液体を加熱蒸発させ，固体が残ったものが石灰水であると判別する方法です。いずれも既習事項を生かしています。この２段階目の方法を２枚目のテキストカードに書き，２枚のテキストをつないでロイロノートの提出箱に提出させます。

③ タブレット端末の画面を見ながら話し合う

　早く提出した子どものために，「回答共有」機能で提出されたカードを子どもたちのタブレット端末に一覧表示して見られるようにします。他の子どもの考えを広く知る時間を設けるのも効果的です。

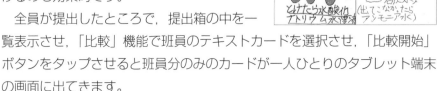

　全員が提出したところで，提出箱の中を一覧表示させ，「比較」機能で班員のテキストカードを選択させ，「比較開始」ボタンをタップさせると班員分のみのカードが一人ひとりのタブレット端末の画面に出てきます。

　そこで，それを見ながら１人ずつ自分の考えを出し合い，よりよい実験方法を検討する話し合い活動を行います。その後，全体で班代表の発表をさせる場合は，直接電子黒板にその子どものテキストカードを提示させることもできますし，全員のタブレット端末の画面に提示させることもできます。

　この班での話し合いでのロイロノートの「比較」機能の活用は，対話的で深い学びを可能とする一方法として他教科でもやってほしい活動です。

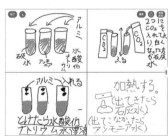

36 発光ダイオードと豆電球の電気消費量を比べよう

難易度 ★☆☆

活動形態：個人　ペア　グループ

熊本市立五福小学校　**野口　澄**

主なICT機能：　配信・共有　撮影・記録　可視化　創造　操作・体験

ねらい

　「発光ダイオードと豆電球のどちらが電気を使うのか」を実験し，写真や動画などで記録したものの比較をすることで，視覚的に振り返りを行い，主体的・協働的な姿勢を引き出す。

1 実験動画や写真を撮り記録する

　「ダイオードと豆電球，どちらが電気を使うか」の予想をさせます（「①手回し発電機の実験では手応えが違った　②豆電球は熱と光に変えるけど，ダイオードは光だけに変える　③電子レンジは電気が落ちる時があるけど，タブレット端末の充電で電気は落ちない」等）。これらの予想を踏まえて「コンデンサーに同じだけ電気をためて，豆電球とダイオードにつなげ，長く光った方は電気量が少ない」という結果を導く実験をします。

　「実験はロイロノートで動画や写真に撮ります。記録は理科ノートに書いて，それをロイロノートで写真に撮って取り込んでください」と伝えます。子どもたちは自然と役割分担をします。実験をする子ども，タブレット端末で動画を撮る子ども，時間を測る子ども，記録する子ども。時間を測るのも，タブレット端末にあるアプリを使っていました。

2 記録をロイロノートのカードにまとめ，振り返る

実験の記録をまとめる段階で，子どもたちは「班のメンバーに動画などを送りたいので，通信を許可してください」と言いにきました。ロイロノートには，「生徒間通信」という機能があり，お互いにデータのやり取りができるのです。

右図はあらかじめ教師がつくったフォーマットに，子どもたちが記録した実験結果の写真やノートに整理したものなどを並べたまとめです。

ロイロノートでは簡単に，このようなまとめカードをつくることができます。学習プリントと同じものです。このように記録と振り返りを同時にでき，提出させることでログとして残すことができます。

3 zoom を活用して同時に遠隔授業を行う

また本時では，自宅で学習する子どもに，書画カメラ＋PCでZoomを使って授業を同時に配信しました。自宅から同じ班のメンバーと一緒に実験を見たり，送ってもらった動画をロイロノートに貼ってまとめをつくったりと，教室と同じ授業ができました。

班の子どもたちがカメラの位置を変えるなどして，協働する姿も見られました。ICTを活用することで対面＋オンラインのハイブリッドな授業を実施することが可能です。

37 レストランで食べ物を選んで注文しよう

難易度 ★★☆

活動形態：個人　**ペア**　グループ　　　熊本市立城山小学校　**安達　浩子**

主なICT機能：　配信・共有　撮影・記録　可視化　創造　**操作・体験**

ねらい

　料理を注文するために，食べ物や飲み物について，簡単な語句や基本的な表現を使って注文したり，値段を尋ねたりする活動を通して，コミュニケーション力を育む。

1 700円ちょうどのランチをつくる

　友だちとペアになって「店員」と「お客さん」に分かれてやり取りをします。ロイロノートのウェブカードを使って「デジタル教材『ランチメニュー』」（熊本市教育センターICT支援室作成）を開き，丁寧な言い方で700円ちょうどになるように料理を注文します。

　まずタブレットを交換し，お客さんは，main dish, side dish, rice & soup, dessert, drink の5つのグループから1つずつ選んで注文をします。

店員　　What would you like for main dish?
お客さん　I'd like curry and rice.

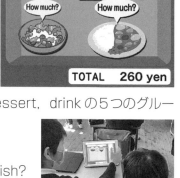

注文が終わったら，店員は，１つずつ料理の値段を紹介します。'How much？' のボタンを押すと，値段が表示されます。

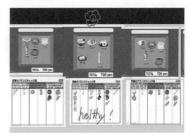

お客さん　How much is rice？
店員　　It's 70yen.

　700円ちょうどのランチがいくつかできた場合は，さらに「一番 healthy なランチ」を選びます。「デジタル教材『給食の献立』」（熊本市教育センターICT支援室作成）を使って，食材を「赤，黄，緑」の３つの栄養素に分類しながら考えさせることで，家庭科の学習ともリンクした学習になります。

　最後に，店員は，できあがったランチを，'Here you are.' と言いながら，タブレット端末ごとお客さんに渡します。

2　○○さんのためのランチをつくる

　身近な誰かのためにランチをつくります。「デジタル教材『ランチメニュー』」を使って，５つのグループから１つずつ料理を選びランチをつくります。その際に，ランチメニューの名前や，その料理を選んだ理由をキーボードで入力します。最後に，ロイロノートの「ペンツール」を使って，special food をかいたらできあがりです。

　できあがったら，回答共有をしたり，みんなの前で発表したりします。

　振り返りで「あゆみさんは，おじいちゃんのことをよく知っているね」など友だちのよいところを話し合うことで，子ども同士の理解が深まり，自尊感情も高まります。クラスの雰囲気が温かくなる素敵な活動です。

難易度
★☆☆

38 オリジナルのまちをつくって 道案内をしよう

活動形態：個人　ペア　グループ　　　熊本市立黒髪小学校　坂田　晶子

主なICT機能：　配信・共有　撮影・記録　可視化　創造　操作・体験

ねらい

地図を操作したりジェスチャーを使ったりしながら，相手意識をもって道案内をする活動を通して，外国語に対する興味・関心，そして学びに向かう力等を育む。

1 道案内の英語表現を練習する

教師がメタモジを使って簡易地図をつくり，目的地に☆マークを書き込みます。それを電子黒板に映し出し，子どもにそこまでの道案内をしてもらいます。'Where is the star?' と問うと，子どもは 'Go straight.' 'Turn right.' など，今まで学習した表現を使って答えます。しかし，その表現だけでは，正確に☆マークにたどり着くことはできません。そこで，教師が提示した簡易地図を，子どもたちのメタモジにも配付し，一人

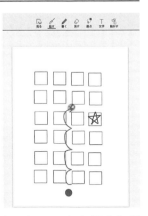

ひとりが自分のタブレット端末で，実際に自分に見立てたマークを何度も操作しながら，相手にわかりやすく説明するための表現を考えていきます。そうすると，'One,two,three,four！' とブロックの数を数えたり，違う行き方もできることに気付いたりして，それを表現に取り入れることができます。

2 道案内クイズを出し合う

クイズを出すために，まず，自分のメタモジの簡易地図の中で，自分の家の位置を決めて印をつけます。そして，スタート位置から印をつけた自分の家まで，道案内の仕方を練習します。その後，となり同士のペアで道案内をしながら，表現を確認していきます。子どもは英語で上手く表現できないところを，自然と指でポイントしたり，ジェスチャーを使ったりして伝えようとしていました。

となり同士のペアでの練習と確認が終わったら，クラスで道案内クイズを出し合います。'Where is your house？' と尋ね合い，お互いに道案内をします。友だちの家の道案内を聞きながら，友だちの家を自分の簡易地図の中に書き込んでいくと，自分の家の近くやとなり，また全く同じところの人が出てきます。そこで，'near' や 'next to'，'same' などの表現を知るきっかけにします。

3 オリジナルのまちをつくって道案内をする

学習の終わりにオリジナルのまちをつくって案内する活動をするため，メタモジでレストランや郵便局など，まちにある施設の英語カードを指で動かせるようにした地図を子どもに配付します。配付するカードの数を最低限にとどめておくと，子どもから「他の施設も入れたいです」という声が出てくるようになります。子どもたちは様々な英単語に触れることができ，意欲的な取組を見せてくれます。

オリジナルのまちをつくったら，「行きたくなるようなまちの道案内をしよう」というめあてを立てます。既習の英語表現を使い，地図を見せたりジェスチャーを使ったりしながら，相手意識をもって道案内をする姿が見られます。

39 ものがどこにあるかを伝える動画をつくろう

難易度 ★★☆

活動形態：個人　ペア　グループ　　　熊本市立楠小学校　森下　蘭

主なICT機能：　配信・共有　**撮影・記録**　可視化　創造　操作・実験

ねらい

　既習表現（on, in, under, by）を使って，身近なものがどこにあるかを伝える動画作成を通して既習表現の理解を深め，見る人に既習表現の意味が伝わるような構成を考えることで，表現力を育む。

1 既習表現を使って個人で動画を作成する

【既習表現】'Where is my eraser?'（pencil case, notebook など）
　　　　　'It's on the desk.'（on, in, under, by）

　最初に，教師が Clips で作成した動画を見せ，使用する表現やおおまかな構成のイメージをつかませます。動画作成には時間をかけて構成を考え，自分なりに試行錯誤しながら取り組んでほしいという思いから家庭学習の課題とします。子どもたちは Clips かロイロノートのどちらかを使って動画を撮影し，文字や音楽，イラストなどを入れて動画を完成させます。Clipsで作成した子どもは動画を書きだしロイロノートに読み込ませてから，またロイロノートで作成した子どもはそのままロイロノートの提出箱にそれぞれ提出させ，「回答共有」機能を使ってお互いの動画を見ることができるようにします。どんな構成にするか迷っていた子どもたちも，友だちの動画を参考にしながら取り組むことができます。

2 友だちの動画を見て，よいところを出し合う

　動画作成後，「みんなの動画を見て，わかりやすいものや，構成がおもしろいものはあったかな？」と問いかけ，自由に話し合わせます。すると，「文字は少なめでも，in や under の表記があった方がわかりやすいよね」「ストーリー仕立てになっている方がおもしろかったよ」などという声が聞こえてきます。

　表現方法や構成についての気づきを出した後，「ぬいぐるみと話しながらやり取りしている人がいたけど，どのような効果があったかな？」と投げかけます。そこで子どもたちは，「自分で尋ねて，自分で答える」という状況の不自然さに気づき始めます。尋ねたい相手や答えてくれる相手がいてこそ，やり取りが成り立つということに気づいた子どもたちは，ペアやグループでもう一度動画を撮りたいと言い始めます。次の授業では，グループで動画を作成することになります。

3 既習表現を使ってグループで動画を作成する

　3人グループになって Clips やロイロノートで動画を作成します。相手とのやり取りを意識してどんな場面で，どんな構成にするとよいか，話し合いを重ねながら表現を工夫していきます。動画を作成する活動を通して，楽しみながら既習表現の意

Where is my tablet？

It's on the desk！

味理解を深めることができただけでなく，やり取りする場面の必然性についても気づくことができる活動です。

難易度
★★☆

40 家でしているお手伝いについてインタビューをしよう

活動形態：個人　ペア　グループ

熊本市立飽田東小学校　前田　陽子

主なICT機能：　配信・共有　撮影・記録　可視化　創造　操作・体験

ねらい

　家でしている手伝いについてインタビューする活動を通して，様々な手伝いや頻度を表す語句に慣れ親しみ，家での生活を英語で伝え合う技能を身に付ける。

1 教師が撮影した，家事の頻度を問うクイズを楽しむ

　教師は事前に撮影した ALT へのインタビュー動画を電子黒板に映します。動画には，教師と ALT のやり取りを次のように録画しておきます。

T　Do you walk the dog？

A　No, I don't. I never walk the dog. I don't have a dog.

T　Do you clean your room？

A　Yes, I do. I always clean my room.

　上の下線（always）の部分は音声を消して，子どもたちに聞かせます。
　その後，'Always? Usually? Sometimes? Never? What do you think?' と子どもたちに尋ねます。それまでに学習した頻度を表す4つの表現から1つを選んで，ALT の先生がどんな頻度で部屋を掃除しているのかを当てるクイズを楽しむようにします。

2 手伝いの絵をかきインタビューし合う

　家でしている手伝いについて，クラスの友だちに知らせ合う活動を行います。ここではメタモジというアプリを使用します。

　あらかじめ3ページ分（①手伝いの絵をかくページ　②インタビューで使うページ　③振り返りシート）

を準備し，子どもたちにアプリ上で配付します。絵をかいた後は，上写真のように互いに英語で知らせ合います。その際，

'I sometimes take out the garbage. Do you take out the garbage?'

と相手に尋ねます。それを聞いて，その手伝いをしているかどうか，頻度とともに答えるようにします。

　2ページ目に右の写真のような準備をしておくと，子どもたちは，どの頻度で尋ねた手伝いをしているかを聞いて，赤丸のシールを動かすことができます。メタモジには「モニタリング」の機能があるので，インタビュー中も赤丸を動かす様子が見て取れ，個々の支援に生かせます。授業の終わりには，全体に提示して，「never が多い結果ですが，どのお手伝いのことを尋ねたのですか？」と問います。そ

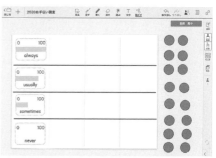

れぞれがどんな手伝いかを予想した後，その調査を行った子どもに自分がやっている手伝いを全体で紹介させることができます。

難易度
★★☆

41 ご当地当て 3ヒントクイズをしよう

活動形態：個人　ペア　グループ

熊本市立尾ノ上小学校　奥園　洋子

主なICT機能：　配信・共有　撮影・記録　可視化　創造　操作・体験

ねらい

　写真やイラストを提示しながらクイズをすることにより，英語で伝えることや聞き取ることの楽しさを感じながら，コミュニケーションの力を高める。

1 写真を見て，どの都道府県のことなのかを当てる

　教師はロイロノートの中に事前に準備しておいた阿蘇山，熊本城，いきなり団子（熊本県名物）の写真を電子黒板に映します。そして楽しめるところ，見ることができるところ，食べられるものなど，紹介文を3つ言います。例えば 'We can eat Ikinaridango.' そして最後に 'Where is here？' と問います。「熊本県」と声が返ってきます。教師は，再度写真を見せて，できること「We can see〜」「We can eat〜」「We can play〜」「We can enjoy〜」などの言い方を確認します。

2 ヒントを考えて都道府県クイズをつくる

　「みんなはどんな都道府県に行ったことがあるかな？」と問いかけます。子どもたちは口々に都道府県名を答えます。その土地で有名な場所や食べ物についても連想させます。そして，次のように言います。

　「今日はご当地当てクイズをします。3ヒントクイズです。ヒントに合っ

た写真やイラストを使って，ロイロノートでクイズをつくります」

　この時，写真やイラストは著作権に気を付
けて，著作権フリーの画像を使用するように
指導します。

　子どもたちは，自分がつくった３ヒントク
イズの３文に合う写真を探して，その画像を
見ながら楽しそうに英文を練習できます。ま
た，クイズの英文が思いつかない子どもにとっては，選んだ県の特色をタブ
レット端末で検索することで，問題に出す文章をつくる助けとなります。

３ ご当地当てクイズを行う

　授業の後半でクイズ大会をします。

　グループで１人ずつクイズを出し，残り
の子どもが答えます。グループ全員が問題
を出し終えたら一度そこでやめ，代表１人
のクイズをクラス全員で答える活動をしま
す。そして，クイズの出し方のよいところ
をみんなで見つけて共有します。最後に，
全員が自由に席を立って友だちと端末の写
真を見せながらご当地クイズをします。

　写真やイラストがあることにより，英語
で話すことや聞くことの手助けとなってい
ました。タブレット端末で情報を得て，そ
れをもとに英文の練習をしたり，英語の文章を考えたりすると活用が手軽に
でき，実に効果的でした。

42 住んでいるまちを プレゼンで紹介しよう

活動形態：個人　ペア　グループ

熊本市立帯山小学校　清水　佳代

主なICT機能：　配信・共有　｜撮影・記録｜　可視化　｜創造｜　操作・体験

ねらい

　自分たちの町の場所やそのよさを伝えるために，ロイロノートを使って町の写真を撮って町紹介プレゼンをつくり，よりよいスピーチ内容を検討することを通して，コミュニケーションの力を育む。

1 自分たちの町の紹介したい場所やそのよさを考える

　単元の導入で，終末の町紹介発表のイメージをつかませるために，教師がモデルを示します。教師は事前に自分の住む町の写真を撮ってロイロノートに取り込んでおき，スピーチをしながら電子黒板に映して提示します。

　写真は3〜4枚程，写真を途中で拡大表示したり，重要なところを指差したりしながら伝えたい内容を話すと，子どもたちも自身の発表のときにまねをするでしょう。例えば，公園でランニングをしている写真を見せながら，'Do you like running?' と尋ね，子どもたちを巻き込みながら Small Talk として取り扱うのもよいと思います。そして，教科書をもとに，自分たちの町にはどんな場所があるか，そこでできることは何か，そのよさは何かなど，習った英語でどのように表現できるかを考えていきます。

　ロイロノートを使うと，写真の上に4線シートを貼り付けることができ，英語の表現を手書きで「書く」指導もできます。子どもに負担のないように，毎時間学んだ表現を一文ずつ書き溜めていくと，発表プレゼンとしても使うことができて便利です。

2 自分たちの町の紹介したい場所を写真に撮る

　教科書を使って町紹介で使う言語材料や表現に十分に慣れ親しんできたら，発表のプレゼン資料の準備を始めます。放課後や休日を使って，発表に使いたい町の写真をタブレット端末で撮っておかせます。お店や公共の施設であるなら，事前に教師が相手先にアポを取っておく必要がある場合もあるでしょう。

3 撮った写真を組み合わせて，町紹介プレゼンをつくる

　子どもは自分の紹介したい内容に合わせ４線シートを貼り付けた写真を３〜４枚選びます。ロイロノートを使えば，選んだ写真の順番を入れ替えることが簡単にできます。町のよさを伝えるためには，どの写真を選んだらよいか，どの順番で提示したらよいか，ペアやグループで話

し合わせることで，さらによい発表内容をめざそうとする意欲的な姿が見られるでしょう。

難易度
★☆☆

43 将来の夢を 写真と音声で紹介しよう

活動形態：個人　ペア　グループ　　熊本市立飽田東小学校　**前田　陽子**

主なICT機能：　配信・共有　| 撮影・記録 |　可視化　創造　操作・体験

ねらい

　図工で制作した将来の夢を表した粘土作品を撮影し，音声を録音する活動を通して，やってみたい職業とその理由を紹介する英語表現に慣れ親しみ，将来の夢を互いに英語で知らせ合う発表に生かせる力を育む。

1 粘土作品を撮影する

　アプリはロイロノートを使用します。ロイロノートを起動し，新しいノートをつくらせます。そのノートの中でカメラカードを使って，作品の写真を撮影します。撮影する角度で見え方が変わることを助言します。

　右の写真の子どもは，粘土作品の背景に厚紙をおき，自分の作品がよりわかりやすく映るように工夫しています。

　他にも，下から撮影して実物大のように見せたり，外で撮影し自然の背景を取り入れたりするなど，多様な見せ方があることを知らせておくと，子どもたちはさらに工夫し，撮影するようになります。教師が事前に撮影した写真数点を提示することで，具体的な違いに気づかせることができます。

2 撮影した写真に音声を録音する

　それまで学習してきた英語表現を使い，将来やってみたい職業を紹介するため，撮った写真カードに音声を録音します。ここでは，この録音は誰に向けて何の目的でやるのかを子どもたちと話し合っておくことが大切です。この相手意識と目的意識を明確にして活動に入ることで，そのためにはどんな伝え方が必要かを自分たちで考えながら録音を行うことができます。また，何度も聞き返すことで，その相手と目的に合う録音になっているかどうかを調整する機会が生まれます。「思いを伝えるためのさらなる工夫はないか？」と問うことで，子どもたちは，「なぜその夢を選んだのか理由を付け加えた方がいいのではないか」「その理由にも合うイラストや写真，実物を入れたらどうか」など，主体的に内容を練り直し，試行錯誤する学びとなります。

3 友だちに発表し，互いに助言を聴き合う

　一度，班で聴き合う場を設定します。それまで録音のために繰り返し英語で話しているので，将来の夢を伝える表現には慣れてきています。友だちを相手に発表することで，'Nice!' 'Good luck!' などの反応に自信をもつことができます。また，首を傾げた様子に「伝わっていないこと」をキャッチすることで，さらなる練り直しにつなげることになります。

難易度
★☆☆

44　いたずらをされたとらおの気持ちを考えよう

活動形態：個人　ペア　グループ　　熊本大学教育学部附属小学校　山平　恵太

主なICT機能：　配信・共有　　撮影・記録　　可視化　　創造　　操作・体験

ねらい

　相手にわからないようにうそをついたり，いたずらをしたりすると相手はどんな気持ちになるのかを話し合うことを通して，うそをついたりごまかしたりしないで素直に伸び伸び生活する態度を養う。

1 電子黒板に教材を提示する

　教師は，ねらいとする価値について導入を行います。まず「うそをついたりごまかしたくなったりするときはありましたか」「それはどんなときですか」と問います。子どもが「正直」，「誠実」ということについてどのように感じているのかを板書していきます。その後，デジタル教科書もしくは，写真で撮った挿絵を電子黒板に提示しながら『いたずらがき』（東京書籍）の読み聞かせをします。

　子どもは，読み聞かせ後の感想で「いたずらはよくないよ」「らくがきしたらあやまらないといけないね」などの反応をします。教師はこれらの反応を板書し，出てきた意見を整理しながら子どもの言葉で「いたずらやらくがきはなぜいけないのだろう」とめあてを設定します。

　めあてに対して，子どもから出るいたずらや落書きがよくないとわかってはいるもののしてしまう人間の弱さについての意見を青色，それでもよくないことはよくないと正直にした方がよいという意見を赤色で板書し，子どもの考えを可視化していきます。

2 いたずらをされた「とらお」はどんな気持ちか考える

「いたずらをされたとらおは，どんな気持ちだったのかな？」と問いかけます。子どもからは「悲しい気持ち」「嫌な気持ち」といった反応があります。そこで，Web教材『気持ちの温度計』（熊本市教育センター）を使ってその気持ちの度合いを数値で表現させます。その上で，ペアで自分の考えを伝える時間を取ります。自分

の意見と友だちの意見の違いがどこなのかを交流させることで，価値を多面的・多角的に捉えることができるようになります。

同じ気持ちであっても，自分と違う数値で表現している理由を尋ね合う中で，生活経験の違いが表れます。その違いを取り上げ，子どもたちのタブレット端末の内容を電子黒板に映していき，全体での話し合いにつなげていきます。

3 自分の生活を振り返る

授業の終末はワークシートに自分の学びを振り返る時間をとります。子どものワークシートはロイロノートで写真を撮り，教師が用意した提出箱に提出させます。ロイロノートのような授業支援アプリにポートフォリオしておくことで，自分が書いたことをいつでも振り返ることができます。

難易度
★★☆

45 きまりについて みんなで考えよう

活動形態：個人　ペア　グループ　　　　熊本市立大江小学校　**中村　水香**

主なICT機能：　配信・共有　撮影・記録　可視化　創造　操作・体験

ねらい

おおひとやまの石を少しだからいい，と持ち帰ったので山が小さくなり悲しんでいる人々の姿を通して，きまりは気持ちよく安心して過ごすためにあることに気づき，進んできまりを守ろうとする態度を育てる。

1 主体的に自分との関わりで考え，めあてを決める

教師は，用意したシンキングツールのカードを，子どものタブレット端末のロイロノートに「送る」機能を使って配付します。今回はシンキングツールの

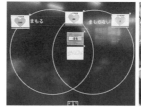

ベン図を使い，きまりを守ることについて自分の立場をはっきりさせることに使いました。子どもに，「カードの『守る』『どちらとも言えない』『守らない』のどの考えなのか，自分の考えと同じところにネームカードを置きましょう。置いたら『心の数直線』を開き，ハートを動かし自分の考えを表しましょう。ハートをそのように表した理由も書きましょう」と話します。

「心の数直線」とは，熊本市教育センターのタブレット端末用 Web 教材で，Web ブラウザーを使って表示させることができ，自分の心を可視化するものです。その後，シンキングツールや「心の数直線」をグループ間で見せて話し合いながらめあてを考えます。提出箱に提出した子どもの考えのカ

ードを，教師のロイロノートに取り出し，シンキングツールを使って整理します。そして，その画面を電子黒板に映し，子どもたちのめあて決めをサポートします。

以下のようなめあてが意見として出されました。

「きまりについて考えよう。『少しぐらい守らなくてもいいんじゃないのかな』『きまりを守るとどうなるのかな』」

2 『おおひとやま』の映像を電子黒板に映し視聴する

子どもたちがめあてを決めた後，教師がタブレット端末を使って『おおひとやま』（日本文教出版）の映像を電子黒板に映します。すると，子どもは「うわあ，きれい」「すごい。高い。雲が下にある」「家が小さい」などとつぶやきます。子どもが教材に興味をもったところで，教師は，パワーポイントでつくった教材『おおひとやま』を電子黒板に映し，話していきます。

3 考えを共有し多面的・多角的な考えに触れる

主発問「きまりを守っていたら？」で，教師がつくった自分の考えを書けるロイロノートのカードを，子どもたちのロイロノートに配付し活用します。教師は，「自分の考えをカードに書き，グループでそのカードを見せ合いながら，よい考えや疑問点を出し合いましょう」と話します。グループでの話し合い後，全体の話し合いで，子どもたちは，「きまりを守ると，自慢のきれいな山のままで月を近くで見られたかもしれない」「人が来て賑やかでみんなで楽しく過ごせる」「みんなが幸せに明るく嬉しい気持ちになるな」「津波があっても逃げられるから安心だ」など多面的・多角的な考えを出し合い，話し合いが進みます。その後，きまりを守ることについて，紙の学習シートに自分の考えを書き，整理していきます。

難易度 ★★☆ 46 登場人物に対して批判的に考えよう

活動形態：個人　ペア　グループ　　　熊本市立白川小学校　宮原　大輔

主なICT機能：　配信・共有　　撮影・記録　　可視化　　創造　　操作・体験

ねらい

　登場人物の考え方や行為に対して批判的に考えるとともに，友だちと自分の考え方の違いについて議論することを通して，相手の思いを受け止め，理解していこうとする心情を育てる。

1 事前アンケートの結果からテーマを設定する

　導入では，ロイロノートのアンケート機能を活用し，「これまで，友だちと考え方の違いから，嫌な思いをしたり，トラブルになったりしたことがありますか」と質問した結果を提示します。そして，子どもたちの

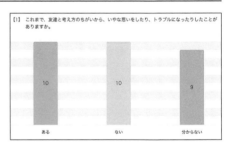

【1】これまで，友達と考え方のちがいから，いやな思いをしたり，トラブルになったりしたことがありますか。

10　　10　　9
ある　　ない　　分からない

「頭にくると相手のことまで考えられない」「仲良くしようと思わない」といった思いを取り上げながら，「相手と心の距離を近づけるためにはどうすればいいだろう」とテーマを設定します。

2 登場人物の考えに対する自分の考えを座標軸で示す

　『ブランコ乗りとピエロ』の教材を読んだ後，子どもたちの感想を聞いていくと「ピエロは優しい」と発言する子どもに対し「えっ，そうかな？」と

反応する子どももいます。そこで、「あなたは、ピエロとサムの考え方や行動に対して、よかった、よくなかったと思いますか」と問い、ロイロノートの思考ツール「座標軸」に、自分の立ち位置を示すように促します。縦軸は「ピエロはよかった」「ピエロがよくなかった」、横軸は「サムはよかった」「サムがよくなかった」とし、重なるところに赤色で点を打たせます。

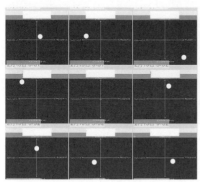
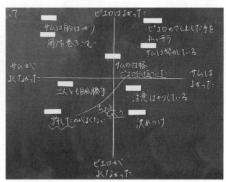

　回答を共有し、電子黒板で結果を提示すると、「えっ！」と自分と違う友だちの考えに驚いた反応を示します。「誰の考えを聞きたい？」と子どもたちに聞き、発言した子どもの発言を板書で集約していきます。話し合っていく中で「ピエロがサムの思いに気づいた」と２人の関係が変わっていることに目を向けていきます。そこで、「どうして２人の心の距離は近づいたのだろう」と問い、ねらいとする道徳的価値に迫っていきます。

③ 振り返りを共有し、さらに考えを深める

　授業の終末で書いた振り返りは、共有する時間を取ります。友だちが授業で何を考えたのか、自分の考えと比較しながら読むことで、さらに考えが深まるとともに、自分にはなかった視点を取り入れ、次の学びに活かすことができるためです。

難易度 ★★☆ 47
自分の弱さに打ち克つための考え方を身につけよう

活動形態：個人　ペア　グループ　　　　　熊本市立大江小学校　中村　裕也

主なICT機能：　配信・共有　撮影・記録　可視化　創造　操作・体験

ねらい

写真からわかる情報を読み取り，ネット上で公開してよい情報，公開してはいけない情報を判断し，写真公開におけるネットの特性に気付かせるとともに，情報を発信する際に気をつけることをまとめる。

1 アンケート機能を用いて本時のめあてへとつなげる

ロイロノートのアンケート機能を使って，「自分の弱さに負けたことがあるか」，「それはどのようなときか」を調べるためのアンケートカードを，事前に子どもたちのロイロノートに配り，答えてもらいます。そうすることで子どもたちの実態が把握でき，授業の構想を練る時の参考になります。

実際の授業では，初めにアンケート結果を棒グラフで提示します。弱さに負けたことがあるかの質問では，「はい」が27人，「いいえ」が4人でした。このように，アンケート結果を用いることで，子どもたちは，今回の学習が自分たちの身近な問題だと認識し，振

り返りの際に自分との関わりで道徳的価値について考えることができます。そして，子どもとやりとりしながら，本時のめあて「自分の弱さに打ち克つために大切な考え方を身につけよう」につなげます。

2 回答共有機能で多面的・多角的な考えを知る

『自由行動』（日本文教出版）を読んだ後，中心発問では，登場人物のマサキさんが自分の弱さに負けなかった場面に注目し，「どうして周りの意見に流されずに，もう一度話し合いを行ったのか」を問います。子どもたちからは，「みんなで行動しないと協力したことにならない」「自分たちの目的を達成するため」等の考えが出されます。

それから本時のめあてに対する自分の考えをロイロノートのテキストカードに入力し，提出箱に提出します。ロイロノートの回答共有機能を使うことで，子どもたちは自分のタブレット端末で，提出箱に提出されたカードをすぐに一覧で確認することができます。そのため，なかなか考えが思い浮かばない場合でも，友だちの意見を参考にして考えることができ，個別の支援につながります。子どもたちからは，「このままだとどうなるか未来を想像する」「目標をしっかりもっておく」という考え方が出されます。その後，そ

れぞれタブレット端末を持ってペアでの話し合いを行います。すると，自分の考えだけでなくクラス全員の考えを確認しながら話し合いをすることができるので，話し合いの質が高まり，多面的・多角的な考えをもつことにつながります。

3 学習の振り返りを書く

本時の振り返りをロイロノートでテキストカードを使って作成します。提出されたテキストカードには「自分は今まで弱さに負けることがあったけど，○○さんが言っていたように未来を想像して行動していきたいです」という自律的な行動へと向かう態度が感じられる記述が見られます。

ロイロノートで振り返りを蓄積しておくと，子どもたちはいつでも読み返せるので，学期や学年のまとめでの振り返りの質が高まります。

難易度
★☆☆

48 タブレットで見立てクイズを楽しもう

活動形態：個人　ペア　グループ　　熊本市立尾ノ上小学校　村上　正祐

主なICT機能：　配信・共有　｜撮影・記録｜　可視化　創造　操作・体験

ねらい

　身の回りのモノの形や色，質感といった造形的な特徴から「〇〇に見える」という見立てをし，タブレットで撮影してお互いに鑑賞することで造形的な特徴に興味・関心をもち，発想する楽しさを味わう。

1 モノの形や色，模様から見立てて鑑賞をする

　教師は変わった形の芋などを実物投影機で映し出したり，雲などの画像を電子黒板に映したりして，形や色，模様などの特徴からどんな動物や乗り物などに見えるかと問いかけます。

　今回は生姜の画像を拡大して見せました。ある子どもは，ラッコに見えると言い，丸くなっている部分はラッコがお腹に貝を乗せているように見えたからと説明しました。ラッコ以外に見えた子どもにも発表させ，その理由を問います。子どもたちの理由を，全体の部分や形，表面の線や模様，色などに整理し，このように本来のものから何か違うものに見ることを「見立てあそび」ということを紹介します。

2 何かに見立てたものを写真に撮る

「今日は教室や学校にあるものの形や色，模様などから○○に見えるものを探してタブレット端末で撮影します。そのあとみんなでクイズ大会をしましょう」と投げかけます。子どもたちは，タブレット端末の写真機能を使って大人が気づかないような場所やモノの形からいろいろなものを発想しながら写真を撮り始めます。例えば，雨漏りでできた天井のシミや塗装の剥げかかった壁から動物を思いついたり，何かに反射して色が変化したものなどからあるモノの一部分を思いついたりしながら，子どもならではの視線でたくさん撮影してきます。教室に戻ったら撮影したたくさんの写真の中からクイズにできそうなベストショットを2～3枚選ばせておきます。

③ 模範演技を参考にクイズ大会をする

クイズのやり方を理解させるため，クイズを出す役と答える役の2人の子どもを指名し，模範演技をしてもらいます。

（右の写真を見せながら）

C　何に見えますか？

C　消防車ですか？

C　どうして？

C　ここがはしごみたいだから。

C　これはクレーン車です。

C　どうしてそう思ったの。

C　この棒がクレーンみたいで，四角のところが車の形に見えたから。

クレーン車に見立てたドアの部品

この模範演技の後，今度はペアやグループでクイズ大会をします。授業の終末で，子どもたちが面白かったと感じたクイズを取り上げて全体でもう一度鑑賞させ，形や色，模様などに着目すると違ったものを発想できる楽しさを味わわせます。タブレット端末を使って簡単に見立てあそびを楽しむことができる活動です。

難易度
★☆☆

49 作品をタブレットで鑑賞しよう

活動形態：個人　ペア　グループ　　　　　熊本市立田迎西小学校　**田中　滉平**

主なICT機能：　| 配信・共有 |　| 撮影・記録 |　可視化　創造　操作・体験

ねらい

　タブレット端末で自分の作品の写真を撮り，作品へのコメントをタブレット端末上で書き，よさや気づきを即座に共有することを通して，自分の見方や感じ方を広げ，新たな発想や構想，技能を育む。

1 自分の作品をカメラで撮影し，コメントを書く

　作品をつくっている途中や完成後に，ロイロノートのカメラ機能で写真を撮らせます。平面の作品なら，全体が写るように上から撮らせますが，1年生では床に立って撮影しても作品全体が入らないので，椅子の上に立って撮影させることがポイントです。立体的な作品なら，「カメラマンになったつもりで撮ってごらん」と言うと，自らピンチアウトして，拡大して撮ったり様々な角度から撮ったりするようになります。何も指導しないと，ぼやけたり逆光で見えにくかったりするので，ピントを合わせることや光の向きを考えて撮ることなど，写真を撮るスキルも同時に教える必要があります。

　撮った写真をロイロノートのテキストに挿入し，空いているところに自分の作品のよいところや頑張ったところを手書きで書かせていきます。子どもたちの実態に応じて，手書きなのかタイピングなのか選ばせます。作品のどの部分に着目したのかがわかるように，コメントと写真のポイントになる箇所を手書きの矢印でつなげると明確になります。

2 鑑賞カードをデジタル化する

りぼんがほんものみたいだね。

　これまでの鑑賞では，紙の鑑賞カードで友だちの作品のよいところを書いていたと思います。それをデジタル化することで，文章による記述だけでなく，写真も取り入れた視覚的にわかりやすい鑑賞カードになります。ロイロノートだと，「送る」機能を使って，自分が書いた鑑賞カードをその作品をつくった友だちに簡単に送ることができ，意見を伝えやすくなります。子どもたちは，自分の作品に対する鑑賞カードが友だちからたくさん送られてくることで，作品づくりの面白さや楽しさをよりいっそう感じることができます。鑑賞カードは，タブレット端末で一人ひとりを見ることができ，自分の机でゆっくり読めるので，密集を避けることにもつながります。

　ロイロノートを使った鑑賞の授業の流れとしては，①自分の作品を提出箱に提出する　②提出箱の友だちの作品を「使用する」をタップして取り出す　③コメントを書く　④友だちに送る　⑤複数のテキストをグループ化する黄色の矢印で自分が書いたカードをつなげる　⑥ひとまとめにした自分の鑑賞カードを，担任が用意した提出箱に提出する　という順序になります。

3 評価がタブレット1台でいつでもどこでもできる

　子どもたちの作品や鑑賞カードは，提出箱に保存されているため，ロイロノートでいつでも一覧表示させることができます。作品をつくる過程や完成品をタブレット端末で撮らせることで，いつでもどこでも作品を見ることができ，評価ができます。提出された写真に教師が評定を書き込むこともできるので，あとで成績をつける際の参考にすることもできます。

難易度
★☆☆

50 形を見つけて変身させよう

活動形態：個人　ペア　グループ　　熊本大学教育学部附属小学校　毎床栄一郎

主なICT機能：　配信・共有　　撮影・記録　　可視化　　創造　　操作・体験

ねらい

　自分の感覚を働かせながら身の回りにある多様な形を見つけ，形を何かに見立てて絵に表していく活動を通して，形や色など豊かに関わろうとする態度を育む。

1 参考作品を鑑賞し，活動の見通しをもつ

　ここではロイロノートを使用します。まずは，教師が実際にやってみせます。例えば，学校に必ずあるテープカッターを，ロイロノートの写真カードを使って撮影します。そして，タブレット端末を電子黒板に接続し，そのカードにロイロノートのお絵かき機能で，絵をかき加えながら変身させていきます。その際，「テープカッターの形が何に変身すると思う？」などと，子どもたちに投げかけながら好奇心を抱かせていきます。

　テープカッターの形を象に見立て，鼻や目をかいていきます。子どもたちから「すごい！変わった」「面白そう！やってみたい！」などのつぶやきが聞かれるでしょう。

2 教室周辺の室内において形を見つけ，絵に表す

　子どもたちの「やってみたい！」という思いを受けて，「みんなの近くに，形が変身するものがあるかな？」と投げかけます。教室の中だけでもよいで

すが，学級の実態に応じて教室周辺の廊下なども入れると，さらに多様な形が見つかります。活動の時間を示して，子どもたちに写真を撮ってくるように促します。

　撮影を終えてきた子どもたちは，色を付けたり，形を加えたりしていきます。1年生の子どもたちは，「先生，○○できたよ」と嬉しそうに話しかけてきます。教師は，「本物の○○に見えるね」「色を考えて使っているね」などとよさを見つけていきます。1つかき終えた子どもたちは，2つめをかきたいと思うことでしょう。その積極性を認め，次の作品をかかせていってもよいでしょう。

③ 作品を鑑賞し，感じたことを交流する

　全員の子どもたちの作品ができたら，ロイロノートで共有したみんなの作品を鑑賞し，感じたことを交流します。教師は，作品をかいた子どもに，形や色などについて考えたことや工夫したことを発表させます。また，鑑賞した子どもたちに感じたことを質問したりします。

　教室周辺の室内だけでなく，学校内と活動範囲を広げることで，自然物や遊具なども撮影の対象となります。さらに，家庭にまで活動範囲を広げると，学校にはない対象もあり，多様な作品が生まれることが期待できます。

51 アプリを使って もようであそぼう

難易度 ★★☆

活動形態：個人　ペア　グループ　　　　熊本市立隈庄小学校　山本　清

主なICT機能：　配信・共有　撮影・記録　可視化　|創造|　操作・体験

ねらい

　身の回りにある模様に目を向け，iPad用のアプリを使用して自分で模様を作成することにより，色や形に豊かに触れ合い，デザインの美しさや，自分や友だちの発想のよさを味わう態度を育む。

1 身の回りの模様に目を向ける

　教師は事前に撮っておいた子どもの上靴入れやハンカチなどの模様を拡大した画像を電子黒板に映します。そして「これは何の画像でしょうか」と問いかけます。「○○さんの上靴入れです」「ぼくの体育服入れです」などの反応が返ってきます。そこで，「これらの画像に共通していることは，どんなことですか」と問います。「一つひとつのかたまりになっている」「同じ柄がいっぱい」「水玉は，丸いのが何個も使われている」など，模様に注目した反応が返ってきます。これらを板書し，「同じ柄がいっぱいのもようをつくろう」という本時のめあてを伝えます。

2 自分で模様をつくってみる

　この授業ではiPad用の「TextileMaker」というアプリを使用します。このアプリは，この授業を行うために筆者が作成したもので，App Storeで無料配信されています。

はじめに，アプリの簡単な使用方法を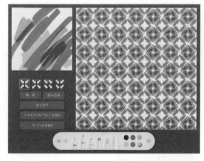
伝えます。左側に元となるイラストをか
くと，右側にそのイラストが並んだ模様
が瞬時に描かれます。ボタンで模様の並
ぶ向きを変えると，同じイラストでも違
った模様になることに，子どもたちは驚
きの声をあげることでしょう。

「今日はタブレットを使って模様をつくります。つくった模様は後で印刷
してラミネート加工し，お家の人に使ってもらうコースターにしましょう」
というように課題を提示します。

机を４人の班にすることで，制作しながら友だちがつくっている様子を見
て，自分の発想を広げることができます。実際，身を乗り出して友だちの作
品を見る子ども，わざわざ担任のところまで自分の作品を見せに来る子ども
など，意欲的に学びに向かう子どもの姿が見られます。何度でもやり直すこ
とができるので，子どもたちは意欲を失うことなく，集中して取り組みます。

③ つくった模様を見せ合う

授業の最後に自分たちが考えた模様を
紹介し合います。今回考えた模様は，最
終的にロイロノートに保存し，学んだこ
とや感想を記入して提出します。

「角度や色を変えるだけで，色々な模
様がつくれることがわかりました」「同
じ模様でも見る角度や見方により，綺麗
な模様になることがわかりました」など，本時のねらいに合った感想がたく
さんありました。今回使用したアプリは個人の iPad でも使用できるので，
ぜひ自宅でも取り組んでほしいです。

難易度 ★☆☆

52 リズムカードを使って お祭りの音楽をつくろう

活動形態：個人　ペア　グループ

熊本市立池田小学校　徳丸　絵梨

主なICT機能：　配信・共有　撮影・記録　可視化　創造　操作・体験

ねらい

　お祭りのイメージに合わせてリズムカードを組み合わせる「音楽づくり」の活動を通して，リズムがくり返されるよさや面白さに気づき，楽しみながら自分のイメージに合うリズムをつくる力を育む。

1 リズムカードを組み合わせてお祭りの音楽をつくる

　ロイロノートに，それぞれの背景に色がついたリズムカードを準備します。子どもたちにはリズムカードを提示せずに，「お祭りではどんな音が聞こえるかな？」と問いかけます。「ドンドンという音がします」「ドーンドンと大きな音がします」などの反応が返ってきます。これらの音を板書し，祭りのイメージやリズムが共有できるようにします。

　電子黒板にロイロノートの6種類のリズムカードを提示します。まずは，こられのリズムを「ドンドコ」と口で言ったり，手で叩いたりしてリズム打ちを繰り返します。子どもがリズムに慣れてきた頃に，実際にカードを動かしてリズムを組み合わせる説明をします。

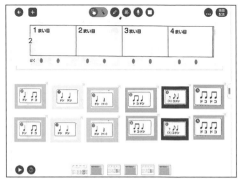

子どもたちのロイロノートにも同じカードを配ります。子どもたちはそのリ

ズムカードを４つ組み合わせて曲をつくるとともに，なぜその４つを組み合わせたのかその理由を書いたカードを教師が用意した提出箱に提出させます。

2 友だちが考えたお祭りの音楽を鑑賞する

　全員がリズムカードを提出したら，祭りの音楽の発表を聴き合います。またそのリズムにした理由を発表させることで，子どもがリズムとイメージを結びつけることができるようにします。発表を聴き合ったあとは，提出箱全体を電子黒板に写し，「今度はリズムの背景にある色に注目してみましょう。秘密を見つけられるかな？」と問いかけます。子どもたちは，「同じ色のカードが使ってある」と言い，同じ色が使ってあるところはリズムをくり返していることに気づきます。リズムを叩きながら，くり返しがあるリズムとないリズムでは，叩きやすさが違うことや，リズムにまとまりができるかできないかなどに気づきます。

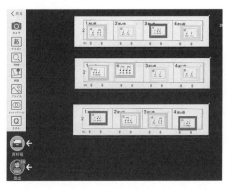

3 自分たちでつくったお祭りの音楽を楽しむ

　リズムがくり返されるよさや面白さに気づいたことを生かし，次時では，自分でつくったリズムをグループで組み合わせる活動を行います。くり返しをする場所や終わり方など，順番を並べ替えながら考え，実際に太鼓を叩きながら楽しむことができるようにします。

　カードを動かすことができるロイロノートの特徴を生かして，リズムを並べ替えたり何度も同じものを使ったりするなどタブレット端末は音楽づくりに効果的に活用することが可能です。

53 物を生かして 住みやすい環境を考えよう

難易度 ★★☆

活動形態：個人　ペア　グループ　　　　熊本市教育委員会　山田　光太郎

主なICT機能：　配信・共有　撮影・記録　可視化　創造　操作・体験

ねらい

身の回りの物や生活の場について，問題点を探したり，原因を考えたりする活動を通して，整理整頓や清掃活動に関心をもつ等の資質を育む。

1 身の回りのものや生活の場について課題をつかむ

まず，散らかった部屋の写真を子どもたちのタブレット端末のロイロノートに配付し，このままだとどんなことが起こり得るかを写真上に書き出させます。

子どもの気づきをみんなで確認した後，今度は整頓された部屋の写真を配付し，気づきを書き出させます。これもみんなで確認し子どもたちのそれぞれの気づきから「身の回りの物の持ち方や使い方を見直そう」という本時のめあてを提示します。

2 部屋が散らかる原因を考え，整理する

部屋が散らかる原因についてグループで思いつくままに出し合わせます。出し合ったら，ロイロノートのシンキングツールからベン図などを使いなが

ら，原因が人の行動にあるのか，あるいは環境にあるのか，グループで対話をしながら整理していきます。

家庭科

T　部屋が散らかる原因について，分類・整理してみましょう。

C　「後からする」という考えは，人の行動が原因にあると思うよ。

C　「たなの数が少ない」は，部屋の環境に原因があると思う。

C　こうやって整理してみると，部屋が散らかる原因は，人の行動や環境のどちらにもあることがわかるね

３ 本時の学習を振り返る

　住みやすい環境づくりについて，散らかる原因を考え整理したことを振り返ります。

　ICT機器は，考えを可視化できるとともに，分類や整理が簡単にできます。本時では最後に身の回りの片付けをし，ロイロノートの写真カードに残すことで，活動を通した振り返りができるようにしました。

難易度
★☆☆

54 タイムラプスで 食材の変化を確かめよう

活動形態：個人　ペア　グループ

熊本市立龍田小学校　**山下　若菜**

主なICT機能：　配信・共有　**撮影・記録**　可視化　創造　操作・実験

ねらい

　家庭での「朝食づくり」をタイムラプス（低速度撮影）で時短動画に撮影する活動を通して，熱が加わったときの食材の変化を視覚的に捉え，調理に対する興味関心を高め，家庭科の実践的な態度を養う。

1 調理計画を立て，撮影のポイントを伝える

　新型コロナウイルス感染症予防の観点から，学校で調理実習を行うことが難しくなりました。そこで，タブレット端末を持ち帰り，各家庭で行う調理実習の様子を動画で撮影させます。

　はじめに，学校で朝食の意味を考えどのような朝食にするか話し合い，調理計画を立てます。次に，タブレット端末で撮影する下記のポイントを伝え，各家庭での調理実習の様子をタイムラプスで撮影してくるように伝えます。

【これだけは撮影してね！ポイント】

①材料：どんな材料を使ったのかひと目でわかるように並べる

②調理場面：食材を茹でたり炒めたりしているところをタイムラプスで撮影する

③完成品：できるだけ，おいしく見えるように構図を工夫する

---

2 タブレット端末で撮影しながら調理実習を行う

　調理風景を撮る時，茹でたり炒めたりする場面は，タブレット端末をスタンドに固定してタイムラプスでその様子を撮影します。すると，青菜が縮むところや，卵が膨らんでいく様子がはっきり確認できます。

【ポイントとなる手立て】
・お助けカードを用意しておく！
　材料の切り方やつくる工程などを，お助けカードとしてロイロノートなどに配付しておくと，調理中でもすぐに確認することができます。

3 実践を振り返り，提出する

　自分の実践を見返しながら，気づいたことや難しかったことなどを振り返ります。写真やタイムラプス動画にBGMを付けて，「調理実習動画」をつくる子もいて，楽しい調理実習になりました。

【ポイントとなる手立て】
・作品は2分以内にする！
　ダラダラと撮影するとポイントがぶれてしまいます。写真とタイムラプスを組み合わせて，短い動画にするとポイントを絞る練習にもなります。

家庭科

難易度
★★☆

55 自分で撮った写真を生かして 生き物の絵をかこう

活動形態：個人　ペア　グループ　　　　熊本市立楠小学校　村上　公英

主なICT機能：　配信・共有　撮影・記録　可視化　創造　操作・体験

ねらい

身近な生き物を撮った写真を生かして，絵をかく楽しさを感じながら，生き物への親しみをもち，体のつくりや成長の様子に気づく。

1 写真の撮り方を教える

タブレット端末で写真を撮る方法を最初に伝えます。教師が見本として見せてもよいですし，子どもたちの中で経験のある子どもがいれば，その子にみんなの前で手本として見せてもらってもよいでしょう。

具体的には，下記のようなポイントが挙げられます。

・タブレット端末での画像撮影ではピンチアウト（２本の指でズームする）とピンチイン（２本の指をつまむ）で大きさを調節する
・動きの速い生き物は動画で撮影する
・動画で撮影した場合はスクリーンショットで写真にする

まずは，植物の観察で写真を撮ることに慣れさせます。ピンチアウトでズームして大きな写真を撮ることに慣れておくことが大切です。

ロイロノートで写真を撮ると，次ページ写真のように，気づいたことを書き込むことができ観察日記にもなります。

2 Tayasui Sketches School で絵のかき方を教える

　絵をかくときには，Tayasui Sketches
School というアプリを使います。このアプ
リは写真を画面に映し出し，なぞり書きをし
ながら元となる写真を表示したり消したりが
ワンタッチでできるので，低学年でもアウト
ラインがしっかりとれます。はじめは写真を

スケッチーズに取り込むことが難しく感じられますが，慣れると１年生でも
大丈夫です。

　まずは育てた植物の花などで始めるのがおすすめです。花の色を表現する
ために色を選ぶ方法を教えます。彩色の感覚も高まっていきます。

　植物に慣れたら，虫や動物をかくようにするといいでしょう。植物をかく
際に学んだことを活かせます。

　生き物をかくことで，体のつくりや成長に気づくようになります。

T　虫の足は何本ありますか？

C　カブトムシは６本あります。

C　クモは８本あります。

C　もっといろんな虫を探してかいてみたいな。

56 お手伝いの計画を立てよう

難易度
★☆☆

活動形態：個人　ペア　グループ　　　熊本市立白川小学校　**大久保　弘子**

主なICT機能：　配信・共有　撮影・記録　可視化　創造　操作・体験

ねらい

　家の仕事の中で自分にできそうなことを友だちに伝え合いながら決定していく活動を通して，家族のためにするお手伝いを決め，実践しようとする力を育む。

1 自分がするお手伝いを決める

　家庭で家の人がしていることや家の人にしてもらっていることを出し合った前時の板書を，黒板にカードを貼ったり書いたりして再現しておきます。気づきや思いを振り返り，活動へのヒントとします。そして「自分がするお手伝いを，メタモジを使って決めていきましょう」と投げかけます。

　メタモジは，作成した学習シートを PDF にして貼り付けることができます。さらにそのシート上で「動かす」機能を使うと，カードを自由に移動させることができます。そこで教師は，子どもたちが徐々に1つのお手伝いに絞っていけるように，「やってみたい」「自分にできそう・ちょっと教えて

もらったらできそう」「続けていけそう」「家の人が助かる・喜んでくれる」という視点を示したシンキングツールの学習シートを貼り付けます。さらにそのシートの上に，事前アンケートで子どもたちがしたことがあると回

答したお手伝いのカードを自由に動かせるように
して載せ，準備しておきます。自分がやってみた
いお手伝いのカードがない場合は，自分でカード
を作成するように伝えます。子どもはまずやって
みたいお手伝いのカードを5つ選びます。その後
はカードを動かして自分がするお手伝いを決定し
ていきます。メタモジでの作業が終わったら自由
にペアをつくり，選んだ理由などを伝え合い，修
正ができるようにします。

2 お手伝いを上手にするための工夫を交流する

「お手伝いを上手にするために，どんな工夫をすればよいかな？」と問い
かけます。誰がどんなお手伝いの経験があるのかを記入した座席表をメタモ
ジで配ります。子どもたちは座席表を見ながら自分が決めたお手伝いの経験
がある友だちを探し，仕事の手順やポイントなどを確認していきます。確認
したことをもとに，決めたお手伝いや上手にできる工夫を，お手伝いの実践
に使用するメタモジ上の学習シートに記入します。お手伝いのやり方は各家
庭のやり方を尊重し，友だちと違っていてよいことを事前に伝えておきます。

3 決めたお手伝いを紹介し，学習の振り返りをする

数人の子どもたちに，決めたお手伝いや上手にするための工夫の発表を促
し，実践への期待と意欲が共有できるようにします。
事後は，3日から1週間ぐらいお手伝いを実践します。学習シートへの記
入とともに，家庭の協力が得られる場合はメタモジで動画を撮って実践の様
子を記録すると，映像で実践の振り返りをすることができます。

難易度 ★★★
57 学習のまとめを ドラマ制作でアウトプットしよう

活動形態：個人　ペア　グループ　　　　　熊本市教育委員会　**江良　友一**

主なICT機能：　配信・共有　**撮影・記録**　可視化　**創造**　操作・体験

ねらい

　総合的な学習の時間で学んだことのまとめとして，子どもたちが脚本づくりをはじめとするドラマ制作（アウトプット）の活動を通して，協働する力を育むとともに，ルーブリックを活用して振り返る力を育む。

1 学習したことを思い出し，脚本にまとめる

　教師は，子どもがこれまでに学習したことを思い出させるために，プレゼンソフトで活動の様子を撮った写真を電子黒板に映して提示します。そして，「どんなストーリーのドラマにしたいですか？」と問い，一人ひとりにロイロノートのカードにアイデアを書いてもらいます。アイデアが書かれたカードをロイロノートの提出箱に提出させます。そして，一覧機能を使って子どもたちが提出したカードを電子黒板に表示し，アイデアを共有します。

　子どもたちからは「沖縄からの学童疎開のことを学んだから，過去に行ったり，未来の町づくりについて提案したいことがあるから未来に行ったりしてみたい」「タイムスリップを入れたらいい」「方言や英語も入れたい」「NGシーンもつくりたい」などの考えが出されます。ドラマ制作の

中心になるプロジェクトチームをつくり，メンバーを立候補で決めます。そして，子どもから出されたアイデアを活用し，プロジェクトチームの子どもたちを中心に，クラスのみんなで脚本をつくっていきます。

2 振り返りをしながら動画撮影と編集を行う

　できあがった脚本の読み合わせをし，役を決めます。そして，タブレット端末のカメラで動画撮影を行います。撮影したものは，プロジェクトチームの動画編集担当の子どもが分担して編集（iPadのiMovieを活用）します。授業終わりの約5分間で，振り返りカードにその日の活動の振り返りを記入

し，次の授業の始めに振り返りカードの内容を発表し，お互いのアイデアを共有します。振り返りカードに書かれた「過去の部分は，白黒にするといい」「方言や英語のところは，他の学年にもわかるように字幕を入れたい」「過去に登場した人の子孫が未来にも登場すると面白いし，登場回数も増えると思う」「撮影しながら新しいセリフをつくったり，削ったりしてみんなで考えながらできていて楽しい」「NGシーンの編集も面白くできている」等のアイデアを共有しドラマ制作が進んでいきます。

　振り返りカードに書いたことをもとに，アイデアを出し合いながらドラマ制作が進みます。振り返りカードには，「アドバイスを言い合って，修正するたびにどんどんいいドラマができていると思う。〇〇さんたちが，みんなのアイデアを聞いて編集を工夫しているのがすごい」というような内容も書かれます。振り返りをすることで，教師が教えるのではなく，子どもが自ら気づき，協働しながら工夫する学習が展開されるのです。

58 互いの動きを見合い 台上前転を成功させよう

活動形態：個人　ペア　グループ

熊本市立月出小学校　宮部　健太

主なICT機能：　配信・共有　撮影・記録　可視化　創造　操作・体験

ねらい

タブレット端末を使って自分の技を動画で視聴し，技のポイントや自分のつまずきに気づき，友だちと話し合いながら解決する対話的な活動を通して，運動の成功に必要な技能を身につける。

1 台上前転成功のためのポイントを考える

はじめに台上前転の動画を見せて，ポイントは示さずに技をやらせてみます。子どもたちは，動画のようにやろうとしてもなかなか上手くいかないことに気づきます。そこで，電子黒板の前に集合させ，今まで学習してきた切り返し系の技（開脚跳びやかかえ込み跳び）と台上前転の動画を見せ，技を比較します。「２つの技を比べてみると，色々と違うところがあったと思います。どこが違いましたか」と問いかけます。ここでは，子どもたちが，「手を着く場所（着手）」や「腰が高く上がっている（姿勢）」という部分に着目していけるようにします。みんながポイントについて納得したところで，①手を跳び箱の手前に着く，②腰を高く上げる，の２つの視点をホワイトボードや事前に用意した台上前転の連続写真などに強調して示します。

2 動画から技のポイントを再確認する

実践しても難しいと感じる子どもがでてきます。教師がその子どもの演技

を一度撮影し，動画を一緒に見ながらアドバイスを伝えていきます。自分の動きを客観的に見ながら上手くいかない原因を自分で発見し，改善点を見つけることで，やるべきことのイメージをもつことができます。

　また，全体を見て多数の子どもが困っているポイントがあれば，動画を撮影して電子黒板に映してみんなで考えていきます。「○○さんはもう少しで，できそうです。動画を見せるので，どこに気を付けるとできるようになるか考えてください」と伝えて動画を見せます。子どもたちは見た後に先程のポイントを参考にして発表します。できるようになるためには，踏み切りなど今まで学習したことをしっかり行うということを再確認させていきます。

　お互いにポイントをみてアドバイスをし合っていきますが，もう一度手本を見て確認したいという子どももいます。そのときは何度も見られるようにしていきます。見学者がいる場合は，「撮影係」として，動画を撮影し，試技者と一緒に見てアドバイスを送るという係をつくります。そうすることで見学者も授業に参加することができます。

３ 技の出来栄えを撮影し，振り返りをする

　まとめとしてペアで撮影します。撮影場所は跳び箱の真横で，踏切から着地までが定点で撮影できる場所です。子どもたちは，いい動画を撮りたいと撮影に時間がかかってしまいがちです。そのため，あらかじめ回数を指定してから撮影させます。撮影した動画はペアや全体で見て振り返ります。みんなで動画を見ながら，いいところを称賛していきます。そうすることで，「もっとできるようになりたい」と意欲を引き出すことにもつながります。

難易度 ★★☆
59 ボールを落とさずつなぎ
相手コートに打ち返そう

活動形態：個人　ペア　グループ　　　熊本市立出水南小学校　藤本　祥太

主なICT機能： 配信・共有　**撮影・記録**　**可視化**　創造　操作・体験

ねらい

　　自らの動きを確認して課題を発見したり，考えを明確にする時間を確保したりすることを通して，活動しながらできるようになるためのポイントを考え，ボールを打ち返す力を身に付ける。

1 映像を見て前時の自分たちを振り返る

　前時に撮影し，ロイロノート上に残しておいた自身のチームの動きを映像で確認します。映像を見ることで，「もっとこうすればよかった」「ここが難しいよね」などの課題意識を引き出します。しかし，それだけでは漠然と映像を見て終わってしまう子どももいるため，その後はつまずいている子どもの映像を画面配信の方法を使ってみんなで見ていきます。同じ映像を見ることで，「こうしたらどう？」などとアドバイスする子どもが出てきて，課題を全体で共有することができます。また，ロイロノートの映像はスロー再生や一時停止が容易にできるため，次の動き方について発問し思考をゆさぶることもできます。普段はプレーする
のに精一杯で，動き方について漠然
としか考えていなかった子どもも課
題意識をもつことができるのです。

2 発問を受け，学習シートに自分の考えをまとめる

どのような学習でも，子どもの思考をゆさぶる発問が大切です。まず，「相手コートに打ち返すにはどうつなげばよいか」という発問から，自分の考えを思いつくままにメタモジ上の学習シートに，言

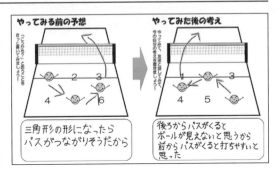

葉や記号を使って書き記すようにします。このアプリは図を動かすこともできるため，自分の考えを容易に書き記すことができます。また，子どもが書き記したメタモジの学習シートは，教師側のメタモジの「モニタリング」機能を使うことで，リアルタイムで確認ができるため，子ども一人ひとりの思考内容を即座に把握して，その後のゲーム活動での言葉かけにも生かすことができます。また，これにより，図を操作しながら表した子ども一人ひとりの思考の跡を見ることができます。ゲーム後の振り返りの際にも同じ発問に対する考えを記述するようにすれば，考えの変容が見えて明確な評価にも生かしやすくなるなど，次時の授業にもつなげることができます。

3 本時の振り返りを数値も交えたアンケートで行う

本時の振り返りを，撮影した映像とアンケートフォームを活用して行います。子どもはフォームにある質問（毎時間同じ）に対して，画面を押しながら回答していきます。このフォームで得た情報はデータ化されているため，すぐにグラフにして子どもにも見せることができます。本時の学習をより「見える化」することにつながるのです。毎時間同じ質問のため，子どもの回答時間の短縮や，教師が単元での学習の成果を見取ることもでき，すぐに次時以降の指導に生かすことにもつながります。

難易度
★★☆

60 病気を予防する方法について考えよう

活動形態：個人　ペア　グループ　　　　熊本市立出水南小学校　藤本　祥太

主なICT機能：　配信・共有　撮影・記録　可視化　創造　操作・実験

ねらい

　子どもにとってあまり身近でない保健領域の内容を身近に感じられるようにする活動を通して，課題について意欲的に学びながら，病気を予防する方法についての理解を深めることができるようにする。

1 クイズで意欲を高め，発問に対する予想を話し合う

　まず初めに，ロイロノートのアンケート機能を使って，クイズやアンケートの結果発表などを行います。これにより多くの子どもが本時の学習への関心をもって取り組めます。その後さらに，「病気になる一番の原因は何だろう」という発問を行うことで，子どもは原因が書かれたロイロノートのカードの中の回答を自分なりに順位付けし，意見を明確にもたせます。ロイロノートのカードを順位に応じて並び替えるだけの作業ですが，考える根拠が明確になることで話し合いは活発になります。「ランキングを決定する」という目的により，子どもは思考する必然性に迫られ，明確な意図をもって考えることができるようになります。

2 班シートを利用して，病気の分類について考える

　思考力を働かせるため，メタモジを活用して多種多様な考えを表現するブレインストーミングとそれらを整理・分類するKJ法を用います。子どもは，

まず即座に自分の考えをメタモジのシートに書き出します。一度書いた自分の考えは，何度でも修正や移動が可能なため，子どもは迷うことなく書き進めることができます。そのメタモジのシートは，班ごとに共有されたシートとなっているため，それぞれが色分けして書き出した考えがそれぞれのシートで表現されるのですぐに話し合うことができます。最終的には，書き出された考えをグループ分けしていくことで，項目に意味づけをするなど，思考・判断・表現しながら学習に取り組む姿がより増えてくるようになります。また，書かれたものはモニタリング機能により教師側で瞬時に把握することができるため，意図的指名やその後の指導に生かしたり，学習の積み重ねを評価に活用したりすることが容易になります。

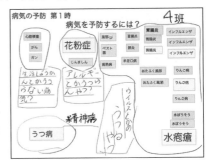

３ アンケートを利用して，学びの深まりを可視化する

　学習の最後には，Mentimeter の Word Cloud を活用して，始めと同じ発問に対する回答を集めます。Word Cloud は回答された言葉を集計して，多い言葉ほど大きく表示されるものです。「病気を予防するには」という発問に対して，始めに聞いた際には偏りが多く，既有知識のみ（手洗い・うがい中心）での回答がほとんどですが，終盤になると，学習したことを生かして回答することができるため，学習したキーワードが多く書かれ，学びの深まりを示す結果となっています。

61

難易度
★☆☆

ネットでの写真公開で
気をつけることをまとめよう

活動形態：個人　ペア　グループ　　熊本市立総合ビジネス専門学校　**山本　英史**

主なICT機能：　**配信・共有**　撮影・記録　可視化　創造　操作・体験

ねらい

　　写真からわかる情報を読み取り，ネット上で公開してよい情報，公開してはいけない情報を判断し，写真公開におけるネットの特性に気づかせるとともに，情報を発信する際に気をつけることをまとめる。

1　写真からわかる情報を読み取る

　ネット上に公開しようとしている写真を，電子黒板に表示して見せます。その後，写真はロイロノートを使って子どもたちに配付します。子どもたちは写真から読み取れる情報の部分を線で囲んだり，気づきを書き込んだりしながら，わかったことを共有します。

・ロイロノートを使って写真を一斉に配付する
・タブレット端末に送られてきた写真に枠囲みや気づきを書き込む
・提出した画像を共有し，読み取った情報や気づきを発表する

2　公開予定の写真のどこに問題があるかを考える

　読み取った情報は，ネット上でたくさんの人が見たときどんな問題になるのかを予想します。写真に映っている情報から個人情報が流布したり，肖像

権を侵害したりすることがあることを子どもたちの経験から引き出します。

T　ネット上にこの写真（右）を公開し
　　ようと思います。写真からどんなこ
　　とがわかりますか？

C　制服から学校の名前がわかります。
　　後ろに映っている電信柱に住所が書
　　いてあります。

1. 1-Bサイコー！
©LINE Corporation

T　この情報が他の人にわかることで,
　　問題が起こることはありませんか？

C　住所と学校がわかったら, 知らない人が会いに来るかもしれません。

③ 情報発信の際に気をつけることをまとめて発表する

　ネット上に不適切な写真をアップしないことは子どもたちも理解している
ことですが, ここではなぜ「炎上」が起きるのかを考えさせます。ネットに
公開する時に「知っている人しか
見ないだろう」という安易な気持
ちでの発信や, 自分では不適切で
はないと思っても友だちや社会の
人たちは不適切な写真と判断する
ことがあることを理解させ, 自分
が発信するときの上手な使い方の
ポイントをまとめて発表させます。

　発表の際, まずは端末を見せ合いながら, グループ内で意見交換をします。
次に電子黒板を使って全体の前で発表し, 共有化を図るとよいでしょう。

【教材用写真】
LINE みらい財団情報モラル教育教材「SNS ノート（情報モラル編）」

難易度
★☆☆

62 自分のことを紹介する 動画をつくろう

活動形態：個人　ペア　グループ　　　　熊本市立帯山西小学校　**小松丸　瞭**

主なICT機能：　配信・共有　　**撮影・記録**　　可視化　　**創造**　　操作・体験

ねらい

　自分の好きなことや趣味などを紹介する自己紹介動画づくりを作成・発表する活動を通して，動画を作成し相手に伝える楽しさに気づくとともに，新しいクラスの友だちのことを知る。

1 まずは深く考えずに触り，アプリの使い方を知る

　今回使用したアプリは Clips（Apple）です。Clips は，撮影した動画に文字やスタンプなどを簡単に挿入することができ，子どもたちでも直感的に編集ができるところが最大のよさです。子どもたちに教える前に教師も実際にやってみることが大事で，まずは自分の自己紹介動画をぜひ撮影・編集してみましょう。その動画をもとに，朝自習の時間を使って子どもたちに基本動作を教えます。子どもたちは，教師が思っている以上に慣れるのが早いです。何かわからないことがあったら，お互いに尋ね合ったり，教え合ったりすることで，さらに習得が早まっていきます。

2 撮影・編集を，子どもに任せながら進める

　今回の最大のねらいは，自分のことを友だちに知ってもらい，自分自身も友だちのことを知ることです。そのため動画のクオリティは求め過ぎず，子どもたちの自主的な撮影・編集に任せることにします。実際に子どもたちに

は「1週間後に自己紹介の発表会をするからね」とだけ伝え，それまでに撮影・編集を終えておくように伝えます。また1人1台のタブレット端末が整い，家庭に持ち帰ることも可能になったので，撮影・編集は保護者や兄弟の力を借りてもよいよと伝え，家庭も巻き込んで取り組むことにします。このように家庭も巻き込むことで，子どもたちは自宅でしか見せられない趣味や特技などを保護者と協力しながら撮影・編集することができ，保護者に自分の子どもの学級での取組に関心をもってもらうことにもつながります。

③ みんなで発表会を開催する

　当日は，作成した動画をもとに発表会を開きました。発表会では，子どもたちに自分の名前と動画の題名を言ってもらい，発表後に友だちからの感想をもらうことにしました。発表会を通して，子どもたちはクラスの友だちのことを具体的に知ることができます。

　発表会後には，今回けん玉を動画で披露してくれた子どもが，「みんなから実際にやっているのを見せてほしいと言われたので，明日けん玉を持ってきてもいいですか？」と教師に話してくれ，実際に翌日には学校でその特技を披露してくれました。また，今回作成した動画はロイロノートを活用し，

提出させます。ロイロノートの，提出した動画を友だち同士で視聴し合うことができる機能を活用し，発表会後に1週間限定でその自己紹介ムービーを視聴できるようにしました。そうすることで，自宅でも家族と一緒に視聴することができ，保護者も自分の子どものクラスの友だちについて知ることができるのです。

難易度
★☆☆

63 「聞く」ことで内容を理解しよう

活動形態：個人　ペア　グループ　　　　　熊本市立帯山小学校　宮本　美哉

主なICT機能：　配信・共有　撮影・記録　可視化　創造　**操作・体験**

ねらい

　デジタル教科書の音声で聞く機能やタブレット端末の読み上げ機能，OCR 機能のアプリ等の活用を通して，通級指導教室で読みに障害のある子どもへの個別指導を充実させ，すべての子どもの学びの保障につなげる。

1 教科書の文章を聞いて理解する

　デジタル教科書（学習者用）が導入されている場合，その中に教科書の文章を音声で聞くことができる設定があります。市町村で導入されていない場合でも個人購入（※）することができます。

　読みが苦手な子どもは，音声教材を無料で申請できます。「障害のある子どものための教科用図書等の普及の促進等に関する法律」（教科書バリアフリー法）に基づき教科書発行者から教科書デジタルデータを提供されたボランティア団体等が制作しています。読むことが苦手な場合のみ申請できます。診断名は必要ありません。詳しくは「文部科学省→音声教材」を検索し，ご覧ください。

本文を聞きながら，テストに解答する

156

　音読の宿題の時に音声を聴きながら読んだり，追い読みをしたりすることで内容理解が促され，スムーズに読むことを助けます。教室での学習でイヤホンを使って聴いている事例もあります。

※デジタル教科書（学習者用）の個人購入は，読みの苦手さ等，障害のある子どもに限定している場合もあります。各教科書会社にお問い合わせください。

2 情報をタブレット端末の読み上げ機能で聞く

　タブレット端末には，読み上げ機能があります。視覚，聴覚，身体と動き及び学習上のニーズに配慮できるように設定でき，その中に読み上げの機能があります。機種やメーカーにより異なることもありますが，どの機種にも概ね近い機能が搭載されています。子どもが検索した画面上で言葉を長押しして選択した内容を読み上げてくれるので，読むことが苦手で情報不足になりがちな子どもの理解を助けます。

　画面をピンチアウトして拡大した方が読みやすい子ども，光に過敏さのある子どもは画面の明るさの調整をした方が読みやすいなど様々な子どもがいます。子ども自身がタブレット端末を自分に合うように調整していくことが大切です。

3 印刷されたデータを OCR 機能のあるアプリを使って聞く

　タブレット端末に OCR（光学式文字認識）機能があるアプリを入れると，撮影した画像や文書にある文字をテキストデータに変換してくれます。テキスト化されたデータはそのアプリにある読み上げ機能や2の読み上げ機能によって音声で聞くことができます。

【OCR 機能があるアプリの例】

CamScanner／Microsoft Lens／写真の翻訳　…など

【執筆者一覧】

宮本　博規 （熊本市教育センター）

山口　修一 （熊本市教育センター）

山本　英史 （熊本市立総合ビジネス専門学校）

前田　浩志 （熊本市教育センター）

中山　伸子 （熊本市立泉ヶ丘小学校）

深川　佳織 （熊本市立泉ヶ丘小学校）

後藤　　南 （熊本市立日吉小学校）

髙宗　智史 （熊本市立月出小学校）

野口　　澄 （熊本市立五福小学校）

岩﨑　功起 （熊本市立日吉小学校）

宮津光太郎 （熊本市教育委員会）

福山　　元 （熊本市立砂取小学校）

奥園　洋子 （熊本市立尾ノ上小学校）

緒方　　傑 （熊本市立桜木小学校）

西尾　　環 （熊本市立本荘小学校）

中島　彩子 （熊本市立白川小学校）

小林　愛実 （熊本市立田迎小学校）

清水　　修 （熊本市立白川小学校）

大久保弘子 （熊本市立白川小学校）

米原　秀一 （熊本市立山本小学校）

毎床栄一郎 （熊本大学教育学部附属小学校）

曽木真由美 （熊本市教育委員会）

山下　若菜 （熊本市立龍田小学校）

福田　早紀 （熊本市立画図小学校）

山下ゆかり （熊本市立楠小学校）

山口翔乃介（熊本市立清水小学校）

渡辺　　猛（熊本市立北部東小学校）

松田　春喜（熊本市立春竹小学校）

山田光太郎（熊本市教育委員会）

清水　佳代（熊本市立帯山小学校）

境目　貴秀（熊本県錦町立錦中学校）

大笹　将寛（熊本市立北部東小学校）

川﨑慶一郎（熊本市立北部東小学校）

安達　浩子（熊本市立城山小学校）

坂田　晶子（熊本市立黒髪小学校）

森下　　蘭（熊本市立楠小学校）

前田　陽子（熊本市立飽田東小学校）

山平　恵太（熊本大学教育学部附属小学校）

中村　水香（熊本市立大江小学校）

宮原　大輔（熊本市立白川小学校）

中村　裕也（熊本市立大江小学校）

村上　正祐（熊本市立尾ノ上小学校）

田中　滉平（熊本市立田迎西小学校）

山本　　清（熊本市立隈庄小学校）

徳丸　絵梨（熊本市立池田小学校）

村上　公英（熊本市立楠小学校）

江良　友一（熊本市教育委員会）

宮部　健太（熊本市立月出小学校）

藤本　祥太（熊本市立出水南小学校）

小松丸　瞭（熊本市立帯山西小学校）

宮本　美哉（熊本市立帯山小学校）

【編著者紹介】

宮本　博規（みやもと　ひろき）

現在熊本市教育センター勤務。元熊本市公立小学校長、元熊本市小学校長会長、元熊本市教育センター所長、全国算数授業研究会理事。『算数学び合い授業』シリーズ（明治図書）等著書多数。

山口　修一（やまぐち　しゅういち）

現在熊本市教育センター教育情報班勤務。熊本大学教育学部情報教育研究会所属、元熊本市公立小学校教諭、若い頃よりコンピュータ・ICT関係に精通し、熊本市の情報教育を牽引する。

山本　英史（やまもと　ひでふみ）

現在熊本市立総合ビジネス専門学校勤務。前熊本市教育センター教育情報班指導主事。熊本市公立小学校教諭、若い頃よりコンピュータ・ICT関係に精通し、熊本市の情報教育を牽引する。

前田　浩志（まえだ　ひろし）

現在熊本市教育センター教育情報班指導主事、熊本市公立小学校教諭、熊本大学大学院長期派遣、くまもと授業のユニバーサル研究会所属、熊本市の特別支援教育、情報教育を牽引する。

はじめてでもうまくいく！
1人1台端末授業ガイド&アイデア
小学校全教科　ICT活用事例63

2021年9月初版第1刷刊	©編著者	宮	本	博	規
2023年1月初版第3刷刊		山	口	修	一
		山	本	英	史
		前	田	浩	志

発行者　藤　原　光　政

発行所　明治図書出版株式会社

http://www.meijitosho.co.jp

（企画・校正）新井皓士

〒114-0023　東京都北区滝野川7-46-1
振替00160-5-151318　電話03（5907）6701
ご注文窓口　電話03（5907）6668

＊検印省略　　　組版所 広 研 印 刷 株 式 会 社

Printed in Japan　　　ISBN978-4-18-343619-1

もれなくクーポンがもらえる！読者アンケートはこちらから